KARL SCHEFOLD

DIE BEDEUTUNG DER GRIECHISCHEN KUNST FÜR DAS VERSTÄNDNIS DES EVANGELIUMS

KULTURGESCHICHTE DER ANTIKEN WELT

BAND 16

VERLAG PHILIPP VON ZABERN · MAINZ AM RHEIN

KARL SCHEFOLD

DIE BEDEUTUNG DER GRIECHISCHEN KUNST FÜR DAS VERSTÄNDNIS DES EVANGELIUMS

VERLAG PHILIPP VON ZABERN · MAINZ AM RHEIN

113 Seiten mit 48 Abbildungen

Umschlagbild: Bronzepferd, Hellenistisch, 2. Jh. v. Chr., Athen, Nationalmuseum

Das Umschlagbild wurde ausgewählt als Symbol der griechischen Ehrfurcht vor der Schöpfung, die der des Evangeliums nahekommt. Galoppierendes ehernes Pferd in Athen, Nationalmuseum. Nachguß des 2. Jh. v.Chr. nach einem verlorenen Original um 450 v.Chr., einer Zeit, die durch ihre Tierbilder berühmt war.

ISBN 3-8053-0639-3
Satz Karin Geiss, Tutzing

Printed in West Germany by Philipp von Zabern.

INHALT

Haupt und Brust der Bronzestatue des Apollon Abb. 2.

„Die Menschen sind nur so lange produktiv in Poesie und Kunst,
als sie noch religiös sind."
Goethe zu Riemer am 26. März 1814.

„Wenn es eine Mutter der Künste gab, so ist es die Religion gewesen."
Henry Moore.

VORWORT

Im Wandel der Zeiten und der Sprachen muß alles geistige Erbe immer wieder neu gedeutet und in die gewandelte Sprache übersetzt werden, auch das Evangelium. Geschieht das nicht, hält die kirchliche Verkündigung am Buchstaben fest, statt am Sinn, entfliehen ihr die Besten. Dem jungen „Grünen Heinrich" Gottfried Kellers schien Gott die Welt zu sein und die Welt in Gott: „Gott strahlt von Weltlichkeit." Weil die damalige Kirche keinen Raum für diese Vision der Wirklichkeit hatte, wurde der Grüne Heinrich zum Atheisten. Für alles ehrfürchtige Antworten auf die göttliche Wirklichkeit sollten die Kirchen offen sein, und gerade für das Antworten der großen Dichter. Aber man meinte, sie theologisch kritisieren zu sollen und hat damit einen großen Teil des Volkes den Kirchen entfremdet.

Sollte es möglich sein, das Evangelium so zu verstehen, daß die Kirchen auch für diese Dichter offen sind, daß auch ein Grüner Heinrich den Raum findet, den er sucht? Dazu könnte das neue Deuten der griechischen Kunst helfen, das heute möglich ist. Es könnte beim Übersetzen des Evangeliums in die gewandelte Sprache helfen. Damit meine ich nicht die verbrauchte Alltagssprache, sondern die der großen Dichter. Sie deuten die Symbole, durch die sich das menschliche Leben als ein geistiges auszeichnet. Symbole deuten auf die tiefere Wahrheit, die dem äußeren Geschehen zugrundeliegt. Man hat dem Grünen Heinrich nicht geholfen, diesen Sinn der religiösen Symbole zu verstehen.

Thornton Wilder schrieb 1954 in der Einleitung zur deutschen Ausgabe seiner genialen Dreiminutenspiele und Einakter, das

Schönste der christlichen Überlieferung werde den jüngeren Generationen durch die Art und Weise entfremdet, in der es vermittelt werde. Es fehle an der Wahrhaftigkeit und deshalb auch an der Überzeugungskraft der Sprache, so daß Begriffe der religiösen Sprache zu einer peinlichen Verlegenheit und sogar lächerlich geworden seien. Er fährt fort: „Die Wiederbelebung der Religion ist fast eine Sache der Rhetorik. Das Werk ist schwierig, vielleicht unmöglich (vielleicht sterben alle Religionen, wenn die Sprache sich erschöpft), aber es gemahnt uns wenigstens daran, daß unser Herr Jesus von uns verlangte, in seinem Dienst nicht nur sanft wie die Tauben sondern auch klug wie die Schlangen zu sein."

DIE GÖTTLICHE WIRKLICHKEIT

Bis zur Neuzeit war Religion im Leben aller Völker selbstverständliche Wirklichkeit. So deutet jedes Werk in unseren Historischen Museen auf einen Sinn des Lebens, und alle alten Sitten waren religiös gebunden. Heute aber stehen die Kirchen seltsam fremd in einer profanen Umgebung. Unsere Geräte kennen keinen tieferen Sinn als die praktische Brauchbarkeit. In den Kirchen wird eine Sprache gesprochen, die draußen kaum noch vernommen wird. Die Predigt kündet vom Reich Gottes, die Welt aber sucht das Glück, materielles Wohl statt eines Heils der Seele. Kirche und Welt wurden sich fremd, seitdem man nach dem Ende des Mittelalters die Welt neu zu entdecken begann, eine andere Welt als die aus der Bibel bekannte. Für die neu entdeckte profane Welt fand man keine religiöse Sprache, weil man das Göttliche nur im Jenseits gesucht hatte. Man begann, sich in der profanen Welt bequem und nutzbringend einzurichten, immer neue Gebiete zu erobern und dem Menschen dienstbar zu machen und mit solchen Fortschritten das Glück gleichsam mit klingender Münze zu kaufen.

Aber schon Rousseau sah im achtzehnten Jahrhundert, daß diese Fortschritte mit einem Raubbau an der Natur bezahlt wurden, der uns erst in jüngster Zeit ganz bewußt geworden ist. Am Anfang unseres Jahrhunderts mahnte der Dichter George, man möge es nicht das des Kindes nennen, sondern das des Raubbaus. Die Erfindung der Atomwaffen hat dann vollends bewußt gemacht, wie das Leben auf der Erde bedroht ist. Der Prophet Jesaia sagt (24,4): „Es welken der Himmel und die Erde, denn die Erde ist von den Menschen entweiht . . . Die Erde zerbricht in Stücke.“ Das ist, nach einem Wort des Theologen Paul Tillich,

„nicht mehr bloß poetische Metapher, sondern harte Realität ... es ist der religiöse Sinn des Zeitalters, in das wir eingetreten sind[1]." Damit meint Tillich, wir sollten uns auf die Ursache der Gefährdung des Lebens auf der Erde besinnen, auf den Frevel, die Erde auszubeuten, statt Ehrfurcht vor der Schöpfung zu haben.

Es gilt also, eine neue religiöse Sprache für die seit der Renaissance entdeckten Wirklichkeiten zu finden. Um eine solche Sprache haben sich alle Großen seit der Renaissance bemüht. Man macht sich zu wenig bewußt, daß Goethe durch sein ganzes Leben um ein neues Verstehen der biblischen Offenbarung gerungen hat[2]. Der Theologe und Dichter Hölderlin hat noch am Ende seines Werkes seinen „Meister und Herrn" angerufen („Der Einzige"). Auch dort, wo auf die Sprache der Bibel verzichtet wird, hat große Kunst immer einen religiösen Gehalt, wenn man das Wort Religion richtig versteht. So äußert sich im Impressionismus eine Ehrfurcht vor dem Leben, die man religiös nennen kann, auch wenn sie nicht die Sprache der Bibel spricht. Auch solche Kunst antwortet auf die Schöpfung und versucht, die Wirklichkeit in und um uns zu deuten, ist also religiös, wie alles echte Ringen um die Wahrheit. Der Expressionismus hat uns dann die Augen für den künstlerischen Rang der Frühkulturen geöffnet, die uns heute oft besonders durch ihre Frömmigkeit ergreifen, und insbesondere für den Rang der originalen griechischen Kultur. Ich möchte darum zeigen, daß man die griechische Kultur heute nicht mehr als heidnisch der christlichen gegenüberstellen sollte. Denn die griechische Frömmigkeit ist selbst auf dem Weg zur Offenbarung. Sie kann uns helfen, eine neue Sprache für die profane Welt zu finden und so die Entfremdung von Kirche und Welt zu überwinden. Hier stehen große Aufgaben vor uns. Denn die tiefste Not ist heute nicht die soziale, sondern die geistige und seelische, die keinen Sinn des Lebens mehr kennt.

Beim Bemühen um diese neue Sprache kann man von drei Erfahrungen ausgehen, die nicht bestreitbare Lehren, sondern Fakten sind. Ich nenne diese drei Erfahrungen die natürliche Religion, die ethische Religion und die Offenbarung. Die natürliche Religion geht aus vom Staunen vor dem übermenschlichen Wunder von Leben und Welt. Bevor Goethes Faust zu den Müttern hinabsteigt, sagt er zu Mephisto:

„Das Schaudern ist der Menschheit bestes Teil
Wie auch die Welt ihm das Gefühl verteure,
Ergriffen, fühlt er tief das Ungeheure.“

Über alles menschliche Begreifen geht schon der Umfang der Gesetze, die von der Wissenschaft entdeckt worden sind, vom Ursprung des Lebens bis zur Fahrt zu den Sternen. Noch wunderbarer als das Berechenbare aber ist, was sich nicht berechnen läßt. Alles Lebendige hat Gestalt, und Gestalt läßt sich nur beschreiben, nicht berechnen. Jede Pflanze hat ihre Form, jedes Lebewesen seine Individualität und allen Individuen liegen gemeinsame Urformen zugrunde. Ein Symbol für das Gestalthafte des Lebens ist die Urform des griechischen Ornamentes, die palmettengefüllte Doppelvolute, ein Urbild vollkommenen Seins wie das Mädchen selbst, dessen Grabmal durch eine solche Palmette bekrönt wird (Abb. 1). Man kann die Palmette mit der Urpflanze vergleichen, die Goethe suchte, als er seine Gestaltlehre, die Wissenschaft der Morphologie begründete. Was Goethe über die Grenze der berechnenden Forschung gesagt hat, ist noch zu wenig verstanden worden. Im Kampf gegen Newtons Lehre, die das Licht berechnete, ging es Goethe um den Nachweis, daß das Licht mehr ist, ein göttliches Phänomen. Es sei nur an das geheimnisvolle Xenion erinnert:

„Wär' nicht das Auge sonnenhaft
Die Sonne könnt' es nie erblicken
Läg' nicht in uns des Gottes eigne Kraft
Wie könnt' uns Göttliches entzücken?“

12

Wie der ehrfürchtige Mensch vor dem Leben staunt, so vor der unbelebten unberührten großen Natur. Auf beides antworten die edelsten Kräfte des Menschen, die musischen, Dichtung und bildende Kunst. Sie schaffen seit den ältesten Zeiten eine eigene Gestaltenwelt, setzen damit gleichsam die Schöpfung fort und gehören selbst zu den Wundern, die uns umgeben. So vergänglich alles Irdische ist, empfinden wir doch das vollkommene Kunstwerk und die große geschichtliche Gestalt als zeitlos. Manche Völker deuten den göttlichen Grund als Allbeseelung, andere polytheistisch wie die frühen Griechen, andere pantheistisch wie die stoischen Philosophen und Spinoza. Aber auch Goethe war diese Sehweise wichtig:

„Was wär' ein Gott, der nur von außen stieße,
Im Kreis das All am Finger laufen ließe!
Ihm ziemt, die Welt im Innern zu bewegen,
Natur in sich, sich in Natur zu hegen,
Sodaß, was in ihm lebt und webt und ist,
Nie seine Kraft, nie seinen Geist vermißt."

Von der stoischen „natürlichen Theologie" ist auch Paulus nicht weit, wenn er den Römern schreibt (1,20): „Gottes unsichtbares Wesen, seine ewige Macht und Herrlichkeit kann man seit der Schöpfung der Welt in seinen Werken mit der Vernunft wahrnehmen." Vorsichtiger nennt Anaxagoras, der Freund des Perikles, „das Sichtbare das Antlitz des Unsichtbaren" – wir würden sagen: die sichtbare Welt ist gleichsam das Antlitz Gottes[3]. Man sollte heute die pantheistische und die monotheistische Deutung des Wunders der Wirklichkeit nicht mehr als Gegensätze

◁ *1 Mädchen nimmt Weihrauchkörner oder Schmuck aus einer Pyxis. Um 460 v.Chr. Grabrelief eines Meisters der Insel Paros. Berlin, Pergamonmuseum.*

sehen, sondern als verschiedene menschliche Versuche, sich vor der Wirklichkeit zu verantworten. So hat Goethe mehrfach ausgeführt, was er einmal in den Maximen und Reflexionen knapp formuliert hat: „Wir sind naturforschend Pantheisten, dichtend Polytheisten, sittlich Monotheisten.“

Von den Psalmen bis zu den Kirchenliedern wird Gott in seiner Schöpfung gefeiert, und in diesem Sinn sagt ein mutiger Theologe: Die Schöpfung „ist das Spiegelbild des Schöpfers, die sinnliche Offenbarung der Herrlichkeit Gottes . . ., nicht nur ein Mittel für unsere Bedürfnisse, sondern ein Kosmos von eigenem Wert und eigener Schönheit, ein Kunstwerk, das aus der Hand des göttlichen Bildners hervorgegangen ist[4].“ Das Wort Kosmos ist griechisch, und niemand wird zweifeln, daß die Griechen den Kosmos der Schöpfung am tiefsten verstanden und gestaltet haben. Deshalb ist die griechische Kunst so wichtig für die Aufgabe, die Entfremdung von Kirche und Welt zu überwinden.

Das Wunder der Schöpfung ist also die erste unbestreitbare Wirklichkeit, von der die neue Sprache ausgehen kann.

Ein ebenso unbestreitbares Faktum wie diese erste Wirklichkeit ist eine zweite, die ethische. Wie man die dunklen Seiten des Daseins auch deuten mag, das Böse, Ich-Süchtige, Leid und Tod, immer neigt der Mensch dazu, sich für die lichte Seite zu entscheiden. Auch dies ist eine anthropologische Gegebenheit wie das Staunen vor dem Wunder der Welt. Immer haben die Menschen diese ethische Wirklichkeit als etwas Göttliches gedeutet. Wie man bei der natürlichen Religion von einer innerweltlichen göttlichen Wirklichkeit reden kann, so bei der ethischen Religion von einer alles umgreifenden göttlichen Wirklichkeit. Gott ist demnach nicht nur eins mit der Welt sondern über der Welt. Altorientalische Religionen sahen diese Spannung als Gegensatz von Mächten, die sich bekämpfen. Dem Alten Testament verdankt die Menschheit die Erfahrung des einen Gottes, der Himmel und Erde schafft und erhält und die Geschicke der Völker und Menschen lenkt. Goethe hat den pantheistischen Versen, die wir zitiert haben, andere vorangestellt, die auf die ethische Religion deuten:

„Im Namen dessen, der sich selbst erschuf!
Von Ewigkeit in schaffendem Beruf;
In seinem Namen, der den Glauben schafft,
Vertrauen, Liebe, Tätigkeit und Kraft;
In Jenes Namen, der so oft genannt,
Dem Wesen nach blieb immer unbekannt:

Soweit das Ohr, soweit das Auge reicht,
Du findest nur Bekanntes, das ihm gleicht,
Und deines Geistes höchster Feuerflug,
Hat schon am Gleichnis, hat am Bild genug;
Es zieht dich an, es reißt dich heiter fort,
Und wo du wandelst, schmückt sich Weg und Ort;
Du zählst nicht mehr, berechnest keine Zeit,
Und jeder Schritt ist Unermeßlichkeit."

Der Theologe, den wir zitiert haben, fährt fort: „In diesem Sein der Welt steckt ein Sollen, eine Aufgabe. Wie wir dem Kunstwerk eines irdischen Meisters Sorge tragen, so werden wir auch die vom Schöpfer geschaffenen Kreaturen so behandeln, wie es ihrem Adel entspricht, wir werden ihnen taktvoll, menschlich, ehrfürchtig gegenübertreten, im Sinn von Albert Schweitzers Satz: ‚Die Ethik der Ehrfurcht vor dem Leben ist die ins Universelle erweiterte Ethik der Liebe.' Albert Schweitzer meint damit das Ethos der Bergpredigt." Ein anderer Theologe hat es als Sinn des Wirkens Jesu bezeichnet, die heile Welt Gottes darzustellen, also vom jetzigen Zustand gleichsam das göttliche Urbild abzuheben[5].

Aus den Seligpreisungen der Bergpredigt spricht eine ähnliche Unbedingtheit des ethischen Wollens wie aus Platons Lehre von den Ideen, von den vollkommenen Urbildern des Seins, nach denen sich der Mensch zu orientieren hat. Diese Lehren sind nicht beliebige Forderungen, sondern sie erhellen das Wesen der menschlichen Existenz; sie erhellen die Wirklichkeit unseres Daseins.

Paulus weiß, daß dieses Ethos nicht nur im Alten Testament, sondern bei den Griechen vorgebildet ist (Röm. 1,2,14f.): „Denn wenn die Heiden (= Griechen), die das Gesetz nicht haben (das von Gott durch Moses gegebene), doch von Natur tun des Gesetzes Werke, so sind sie . . . sich selbst ein Gesetz. Denn sie beweisen, des Gesetzes Werk sei geschrieben in ihrem Herzen, da ja ihr Gewissen es ihnen bezeugt."

In griechischen Bildern von Göttern und Helden kann sich das Staunen vor dem göttlichen Kosmos ebenfalls mit dem Ethos verbinden, das über die sichtbare Wirklichkeit hinaus auf eine alles umgreifende göttliche Wirklichkeit deutet. Durch eine glückliche Fügung ist uns eine um 520 v.Chr. geschaffene eherne Statue Apollons erhalten (Abb. 2). Im Unterschied zu den zahlreichen damaligen Jünglingsbildern ist er nicht athletisch, sondern knabenhaft gebildet und lächelt nicht, sondern ist tief ernst. Auch setzt er nicht das linke, sondern das rechte Bein vor. Dadurch wird die aktive Seite des Körpers betont, der auch das Haupt zugewandt ist, mit seinen reichen Locken, die ebenfalls von den athletischen Jünglingsbildern unterscheiden. Die linke Hand hielt den Bogen, denn Apollon hält alles Unreine fern und straft frevelhafte Vermessenheit. Aber mehr ist hier die rechte Hand betont, die eine Schale zur Spende hielt. Der Gott spendet selbst, so wie die Menschen den Göttern spenden. Damit ist eine höhere Macht angedeutet, die über den Göttern ist. Die Götter werden in der Klassik selbst als Urbilder der Frömmigkeit begriffen und deshalb so oft spendend dargestellt. Für uns ist diese höhere Macht der Gott der Bibel, aber die Griechen scheuten sich lange, die überweltliche Macht so bestimmt zu bezeichnen. Immerhin sagt schon der um 570 geborene Philosoph Xenophanes von Kolophon, man dürfe sich jene Macht nicht menschengestaltig vorstellen; er ist vom Glauben an den Einen, Allwissenden und Vollkommenen erfüllt und kritisiert von hier aus ebenso wie Heraklit die herge-

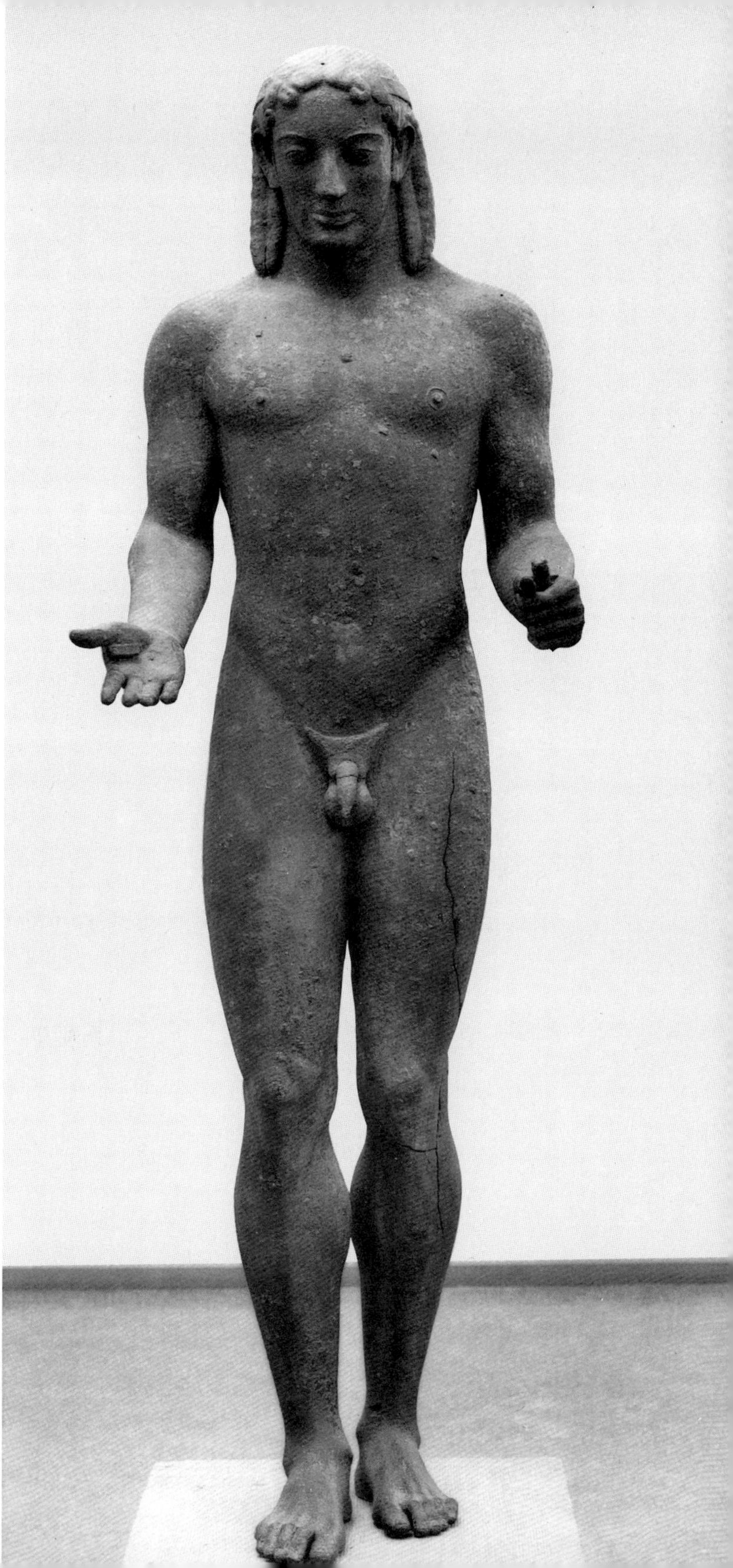

2 Bronzestatue des Apollon vom Piräus. Um 520 v.Chr. Athen, Nationalmuseum.

brachte Religion. Die Kunst antwortet auf diese Kritik, indem sie die Götter von jener höheren Macht unterscheidet. Sie begreift die Götter in ihrer irdischen Bedingtheit und läßt über ihnen das Unbedingte ahnen. Vor dem Unsagbaren und vor dem Unsichtbaren bescheidet sie sich mehr als andere Kulturen und ergreift umso inniger, was ihre künstlerische Phantasie als Urbilder der Wirklichkeit schaute. Ihre Götter waren solche Urbilder, die aber nie dogmatisch erstarrten sondern sich wandelten wie das Leben selbst.

Apollon war schon immer das Vorbild der Jünglinge, die sich in Wettkämpfen bewähren, insbesondere der Knaben, die zum Mann werden und Apollon ihre Haare weihen. Aber von den marmornen Jünglingsbildern ist die Apollonstatue nicht nur durch ihre Haltung, sondern auch durch die Wahl des kostbaren Materials, der Bronze, und durch die schwierige Technik des Erzgusses unterschieden. Der Meister meint den delphischen Gott, der das rechte Verhalten in Kult und Alltag lehrt und der in der Klassik in neuer Tiefe verstanden wurde. An seinem Tempel in Delphi stand „Erkenne dich selbst", das heißt, erkenne die Bedingtheit deines Daseins; ferner stand da: „Nichts im Übermaß", und nach einer neuen Entdeckung scheint dort auch gestanden zu haben „Gehe in dich, wenn du gefehlt hast", also eine erstaunliche Annäherung an die christliche Vorstellung der Metanoia, der inneren Umkehr zu einem neuen Leben[6]. So ist Apollon der Inbegriff ethischer Macht, Licht und Klarheit, Maß und Ordnung, bildende Kraft der gesungenen Dichtung. Der eherne Apollon vom Piräus ist der erste, der ahnen läßt, daß all dies von einer höheren Macht kommt, so wie sein Orakel den Willen des Zeus verkündet. Er ist der erste, der sich so von der archaischen Überlieferung abhebt, daß man geradezu von einem Götterbildnis sprechen kann.

3 Achill spendet. Nach 500 v.Chr. Amphora panathenäischer Form des Kleophradesmalers. Basel, Antikenmuseum. ▷

Wie die Götter als irdische Wesen von jener überweltlichen Macht unterschieden sind, so sind die Menschen von den Göttern durch ihre Sterblichkeit verschieden. Aber Dichter und Helden können durch ihren Ruhm an der Unsterblichkeit teilhaben und verherrlichen so in ihrer Weise das Wunder der Schöpfung. Deshalb zog Achill ein kurzes Leben einem langen ruhmlosen vor. Auf der Amphora des Kleophradesmalers in Basel (Abb. 3) spendet Achill vor dem Auszug zum Kampf den Göttern, und man meint, in seiner Haltung, seiner freien großen Bewegung und Jugend solche Hoffnung auf die Unsterblichkeit des Ruhmes zu spüren. Das Werk wirkt auf den ersten Blick archaisch. Aber die archaische Kunst hätte solche Gebärde als Deutung des Inneren nicht gekannt. Achill setzt die Schale an den Mund und schreitet aus in hochgemuter Bewegung mit federnden Knien, so daß wir das Momentane des bedeutsamen Geschehens empfinden. Solche Gestalten, vom schwarzen Grund der Vase getragen und vom plastischen Leben des Gefäßes begleitet, wirken wie klassische Statuen, die Größe und Bedingtheit des Menschen spüren lassen. Inneres Leben spricht in neuer Hoheit zu uns, so wie damals die Gestalten Homers von Aischylos neu gesehen worden sind.

Die ethische Wirklichkeit hat ihre tiefste dichterische Deutung in der griechischen Tragödie gefunden. Sie ringt um das Geheimnis des oft so unbegreiflichen göttlichen Willens. In der Kunst ist das erschütterndste Symbol dafür das Schicksal der Niobe und ihrer Kinder, wie es die davon besonders ergriffene Klassik oft dargestellt hat (Abb. 4). Niobe war mit Leto, der Mutter von Apollon und Artemis befreundet. Einmal rühmte sich Niobe, sie habe eine weit größere Zahl von Kindern als Leto. Da wurde Leto zornig und ließ die Kinder der Niobe durch Apollon und Artemis mit Pfeilen töten. Eines der Mädchen einer um 440 gefertigen Giebelgruppe wurde vom Pfeil der Artemis zwischen die Schulter-

4 Sterbende Tochter der Niobe. Um 440 v.Chr. Rom, Thermenmuseum. ▷

blätter getroffen. Beide Hände greifen nach dem Pfeil. Strauchelnd ist die Getroffene auf ihr Gewand getreten, das nun herabfällt und von dem sich der noch aufrechte Leib umso leuchtender abhebt. Ja, mehr als das Zusammenbrechen wirkt das Aufsteigen der blühenden Gestalt; wir meinen den Ausdruck der Klage zu hören und ahnen mit der Sterbenden die Kostbarkeit des Lebens. Die Verhaltenheit des Ausdrucks rührt daher, daß der Grieche nicht das Momentane des Schmerzes, sondern das Tragische des Wesens darstellt. Hier wird das Los des Menschen sichtbar, gottähnlich und doch sterblich zu sein und Gott nicht begreifen zu können.

Es gehört zu den edelsten Erfahrungen, die Spannung zwischen der göttlichen Vollkommenheit und dem eigenen Vermögen zu empfinden. Der Mensch hat das Paradies verloren, aber die Verheißung eines Gottesreichs erhalten. Er bleibt immer in der Spannung zwischen seiner Verlorenheit und dieser Verheißung. Die dunklen Seiten des Daseins zu begreifen, steht ihm nicht zu. Gott wäre nicht der Ganz Andere, der Herr der Welt, wenn man ihn menschlich begreifen könnte. „Der oft genannt, dem Wesen nach blieb immer unbekannt", hörten wir von Goethe. Aischylos und Jesaia sind in diesem Ringen erstaunlich verwandt. Und Hiob lernt, vor Gott zu schweigen, dessen Wege höher sind als des Menschen Wege (Jes. 55,7.8). Diesem Geheimnis zu begegnen, ist auch der Gehalt der griechischen Tragödie.

Die übliche ästhetisierende Kunstbetrachtung geht an diesem religiösen Gehalt der Kunst vorbei. Und doch sollte man ihn ganz ernst nehmen, weil er uns hilft, unsere eigene Sprache für unsere Erfahrungen des Göttlichen zu finden. Wir wollen die griechische Kunst zu Hilfe nehmen, weil sie, wie sich zeigen wird, in ihrem ursprünglichen Charakter dem Evangelium so nahe steht wie keine andere Periode der Kunst.

Das Evangelium hat der Menschheit eine dritte Erfahrung göttlicher Wirklichkeit gebracht, die zu einem unverlierbaren Element unserer geistigen Geschichte geworden ist: Gott hat, wie die

Evangelien bezeugen, seinen Sohn auf die Erde gesandt, der den Menschen das kommende Gottesreich verkündet und sie gelehrt hat, unbedingt dem Willen Gottes zu folgen. Im Tod am Kreuz hat er Leid und Sünde der Welt auf sich genommen; dann ist er den Jüngern als der Auferstandene erschienen, und sie sahen ihn in den Himmel entrückt. Diese Erfahrung kam einst als eine Botschaft zu den Menschen, die Glauben erforderte, aber sie ist dann zur Mitte der abendländischen Kultur geworden und darf deshalb eine historische Wirklichkeit genannt werden. Diese historische Wirklichkeit steht neben der Wirklichkeit der natürlichen Religion, die allen Menschen gemeinsam ist, und neben der der ethischen, die aus dem Wesen unserer Existenz stammt. Man nennt diese dritte Wirklichkeit die Offenbarung. Sie ist nicht anthropologisch gegeben, sondern eine unvergleichliche Kunde von der Wirklichkeit des transzendenten Gottes. Goethe sagt von ihr in den Wanderjahren (II 1), sie könne nicht wieder verschwinden, da sie sich einmal göttlich verkörpert habe.

Versucht man, wie Goethe diese historische Wirklichkeit zu begreifen, kann man auf das Wort Glaube verzichten, das so viele Mißverständnisse hervorgerufen hat. Man spricht besser von der Treue zur offenbarten Wirklichkeit, der man vertraut. Denn unter Glauben versteht man heute meist das Für-wahr-Halten einer Lehre, die man auch bestreiten kann. In Wirklichkeit hat das, was die Kirchen als ihren Glauben bekennen, die Kunde von der Geburt aus der Jungfrau, von Tod und Auferstehung des Herrn, eine tiefe symbolische Wahrheit, die als solche überzeugt und dadurch historisch ist. Die meisten Menschen kennen heute nur äußere Wahrheiten und sind deshalb dem Glaubensbekenntnis entfremdet. Es ist eine große Aufgabe, ihnen zu zeigen, daß es im geistigen Leben auf die symbolischen Wahrheiten ankommt, die uns zum Reichtum der religiösen Wirklichkeit befreien. Für die Jünger des Auferstandenen war Glaube die Mitte des Lebens, das Bekenntnis einer Erfahrung, die ihr Leben verwandelt hatte und die im Mysterium des Abendmahls immer neu erlebt wurde. Die

5.6 Eherne Statuen griechischer Heroen. Um 450 v.Chr. Reggio (Kalabrien), Archäol. Museum.

Offenbarung gibt dem Suchen nach der Wahrheit, ohne das menschliches Leben nicht zu denken ist, eine neue Tiefe.

Die Botschaft von der Erlösung ist oft mißdeutet und mißbraucht worden[7], aber sie hat tiefer als alle anderen Religionen Leid, Tod und Vernichtung gedeutet. Jedoch ist dieses „Heiligtum des Schmerzes" in Goethes Pädagogischer Provinz im Innersten der Bilderhalle verborgen, weil er es nicht ertrug, das Kreuz im Alltag trivial mißbraucht zu sehen, „die göttliche Tiefe des Leidens dem Anblick der Sonne auszusetzen, die ihr Angesicht verbarg, als ihr eine ruchlose Welt dies Schauspiel aufdrang". So vermeidet auch die frühchristliche Kunst bis ins fünfte Jahrhundert die Darstellung der Kreuzigung. Umso wichtiger ist Paulus und den Reformatoren die Lehre vom Kreuz. Der Mensch kann nicht durch das Werk seiner Hände Hoffnung auf Erlösung gewinnen, sondern allein durch den Glauben an die Gnade Gottes, die er durch die Auferstehung bezeugt hat. Um die Gnade und ihre Bedingung zu verstehen, soll nach den Reformatoren jeder selbst die Bibel lesen und in seiner Weise bewähren, was dort offenbart wurde, statt überlieferten Dogmen zu folgen. Diese Forderung hat das abendländische Denken verwandelt. Man lernte, auf allen Gebieten zu den Quellen zu gehen und sich selbst vor ihnen zu verantworten.

Die reformatorische Schule des Denkens hatte die wunderbarsten Ergebnisse auch im Gebiet der Wissenschaft. Es sei nur ein Beispiel genannt, das dieses Buch besonders angeht, Winckelmanns Erkenntnis, daß wir die römische Überlieferung der griechischen Kunst kritisch zu sehen haben. Wie die Heilige Schrift nun im Original gelesen wurde, begann man auch, sich zur originalen griechischen Kunst zu wenden. Da griechische Originale in geringer Zahl erhalten sind, hatte man sich an römische Marmorkopien halten müssen. Nun aber machte man so großartige, ja erschreckende Erfahrungen wie den Fund der Bronzestatuen von Heroen, die jetzt in Reggio in Kalabrien zu sehen sind (Abb. 5.6). So streng also sah Sophokles in der Mitte des fünften Jahrhunderts seinen Aias und die andern Könige seiner Tragödien, und wir spüren, wieviel in den römischen Marmorkopien verloren geht, nach denen wir uns sonst eine Vorstellung vom Strengen Stil der Klassik bilden müssen. Wie man also griechische und römische Kunst zu unterscheiden lernte, begann man auch den Stil der römischen Dichtung von dem ihrer griechischen Vorbilbilder zu unterscheiden, Vergil von Homer, Catull von Sappho. In der Zukunft wird man auch lernen, römische und evangelische Theologie so zu unterscheiden, daß beide zu ihrem Recht kommen, das griechische Evangelium und seine römisch-paulinische Umdeutung.

So fruchtbar also die Schule des Denkens seit der Reformation war und so schön daneben profane Dichtung und Musik zu blühen begannen, trennten sich doch die Wege der Künste vom religiösen Denken in einer Weise, die die bildenden Künste in den meisten protestantischen Ländern verarmen ließ, auch wenn sie nicht von der Katastrophe des Bildersturms betroffen wurden. Während die Griechen ihre Kulte durch Jahrtausende bewahrten, trotz aller Kritik an der hergebrachten Religion, trennte sich der protestantische Gottesdienst so sehr von der lebendigen Kunst seiner Zeit, daß viele die Kirchen nur noch als ehrwürdige Denkmäler besuchen.

DIE KUNST IN DER ZEIT DES URCHRISTENTUMS

Die Trennung von Kirche und Welt, von der wir ausgegangen sind, hatte aber noch tiefere Wurzeln in der Ausdeutung des Evangeliums auf römischem Boden. Über die Umwelt des Urchristentums gibt es gelehrte Untersuchungen von Theologen[8]. Sie berücksichtigen vor allem Zeugnisse der orientalischen Religionen aus der römischen Kaiserzeit, in der jene Religionen dogmatisch zu erstarren begannen. Lehrreicher finde ich den Vergleich mit der großen Kunst des Hellenismus und der frühen Römerzeit (Abb. 7–9.15.17). So sei es dem Archäologen erlaubt, die Darstellung der Theologen kunstgeschichtlich zu ergänzen. Dabei wird sich zeigen, daß die Lehre vom Kreuz mehr mit der römischen Kultur verbunden ist, während in den Evangelien neben dem jüdischen Erbe ein griechisches wichtig ist. Denn es läßt manches an Gestalt und Verkündigung des Herrn neu vernehmen[9]. Der römische Bürger Paulus kündet mehr von Tod und Auferstehung des Herrn als von seinem Leben und von seiner Lehre.

Drei Tendenzen bilden den Hintergrund von Paulus' Lehre. Die erste ist das Verlangen der Zeit nach einem neuen Heil. Als Rom im zweiten Jahrhundert v.Chr. zur Herrin des Mittelmeergebiets geworden war, und als überall die religiösen und politischen Überlieferungen erschüttert waren, suchte man nach einem neuen Halt des Lebens, einem neuen Heil. Damit verband sich ein Verlangen nach Erlösung von den Leiden des Lebens, ein Verlangen, das schon viel früher in Italien bezeugt ist, und als drittes verband sich damit eine Ergriffenheit durch das Leiden, die in der Lehre vom Kreuz ihre tiefste Deutung fand.

Alle drei Tendenzen treten besonders im ersten Jahrhundert

7 Gesamtaufnahme

7–9 Wanddekoration des Schlafzimmers von Boscoreale in New York. Um 40 v.Chr. New York, Metropolitan Museum.

v.Chr. hervor. Paulus nennt es (Gal. 4,4) die Fülle der Zeit, in der Gott seinen Sohn sandte. Damals trösteten sich die Juden in aller politischen Not mit der Hoffnung auf ein kommendes Gottesreich, wie ergreifende Dichtungen bezeugen[10], und in Rom führten Heilserwartungen zu Vorformen des Kaisertums, ja schließlich zu diesem selbst, Hoffnungen, die in Münzprägung und

Wandmalerei anschaulich überliefert und weltbewegend ausgesprochen sind in Vergils vierter Ekloge, der Verheißung des heilbringenden Kindes[11].

Charakteristisch ist ein um 40 v.Chr. gemalter Bilderzyklus von hohem künstlerischem Rang aus dem Schlafzimmer einer Villa von Boscoreale am Vesuv, jetzt im Metropolitan Museum in New York (Abb. 7). Die gemalte Pilastergliederung der Wände trägt die Decke wie einen Baldachin, ein Dekorationsmotiv, das seit der griechischen Klassik bezeugt ist[12]. Frühhellenistisch sind alle Elemente der Dekoration, besonders deutlich im Stil der Götterbilder (Abb. 8). Der Maler verwendete als Vorbilder vermutlich bemalte Holztafeln, die als Bühnenhintergründe in Alexandria gedient hatten. Von Bauten flankierte Heiligtümer, wie man sie hier sieht, waren ein geläufiges Motiv griechischer Dramen. Alexandrinische Herkunft wird bezeugt durch die geflügelten Schlangen, die ebenso ägyptisch sind wie der kostbare Porphyr der Architektur und die Uräusschlangen, die ägyptischen Königsschlangen, die Artemis bekrönen. Die Göttin wird in der Kunst durch dieses Motiv oft als Erscheinungsform der großen ägyptischen Mysteriengöttin Isis charakterisiert. Im Gegensatz zur nationalen Abgeschlossenheit der altägyptischen Kultur wurde Isis durch die Griechen zur Herrin einer Weltreligion, weil schon die archaischen Griechen von der Frömmigkeit des Heiligen Landes der Isis tief beeindruckt waren. Sie fanden in Isis ihre Demeter wieder, durch deren Züge Isis eine neue Innerlichkeit gewinnt. Diese griechisch-ägyptische Isisreligion wirkt schon in der Klassik auf Griechenland und Italien, verbirgt sich aber zunächst vielfach in griechischem Gewand, um die Völker zu gewinnen. Dabei hat sie sich griechisches Bildungsgut in erstaunlichem Umfang anverwandelt, und die Kirche ist darin ihrem Beispiel gefolgt; sie deutete das antike Erbe als Vorgeschichte des Heils. Aus Isis mit dem Horus-

8 Heiligtum der Artemis-Isis. ▷

knaben wurde Maria mit dem Kind. Der Gott der Bibel ist wie Isis Herr des Schicksals, während die griechischen Götter unter dem Schicksal stehen, von wenigen Ausnahmen abgesehen[13].

Die in Boscoreale als Vorbilder verwendeten Bühnenhintergründe haben den sakralen Charakter, den wir auch vom griechischen Theater kennen. Sie sind, besonders in den Stadtansichten, genau kopiert (Abb. 9), während sie an anderen römischen Wänden freier variiert werden. Schon die unregelmäßige Anlage dieser Stadtansichten zeigt, daß hier eine alte Stadt gemeint ist, denn spätestens seit der Klassik bevorzugt der Städtebau regelmäßige Anlagen. Ja, ein feines Detail läßt sogar an Alt-Athen denken. Zwar gehören die normalen Gebälke mit ihren Friesen der attisch-ionischen Ordnung an, aber der Balkon hat nur einen Zahnschnitt, keinen Fries wie die alte ionische Ordnung. Genauso ist am Erechtheion der Akropolis von Athen das Gebälk der Korenhalle von den anderen Gebälken unterschieden, damit die Koren nicht so schwer zu tragen haben.

Wenn alle diese Motive in römischen Wohnräumen zur Dekoration verwendet werden, wird mit ihrem sakralen Charakter nur noch gespielt; er wird als Ausdruck eines gebildeten Lebens verwendet, das im Umgang mit den griechischen Vorbildern eine neue Weihe sucht. Der formale Ausdruck dieser Veränderung ist die Raumillusion, die der Maler hervorruft. In den Stadtansichten ist zwar die griechische Art der Perspektive bewahrt, die plastische Baukörper ohne Raumillusion komponiert. Aber oben hat der Maler in die Tiefe führende Säulenhallen hinzugefügt, die den heiligen Hain der Wandmitte illusionistisch umgreifen. Dieses illusionistische Spielen mit griechischen Motiven entspricht den Anfängen des transzendierenden Heilsverlangens der Römerzeit, das zunächst ebenso unbestimmt ist, aber in der Transzendenz der frühchristlichen spätantiken Kunst klare und strenge Erfüllung findet (Abb. 16–18).

Auf das jüdische und auf das römische Heilsverlangen antwortet Christus mit der Forderung, der Mensch müsse sich entschei-

9 Stadtansicht. ▷

10 Die Mondgöttin besucht den schlafenden Endymion. Um 160 n.Chr. Sarkophag in Mantua, Archäol. Museum.

den, unbedingt dem Willen Gottes zu folgen. Er tröstet nicht mit glücklichen Visionen wie jüdische und römische Zeitgenossen, sondern lehrt mit einer ethischen Kraft, die an alttestamentliche und frühe griechische Religiosität erinnert, wie an unsern ehernen Apollon (Abb. 2). Man nimmt seiner Forderung nichts von ihrer Einmaligkeit, wenn man sie mit früher griechischer Kunst vergleicht, der sie näher steht als der zeitgenössischen römischen. Noch mehr als von diesem Illusionismus hebt sie sich von den gleichzeitigen Bemühungen des Kaisers Augustus ab, die Römer zum alten Glauben zurückzuführen; sie wirken matt neben dem Evangelium.

Im zeitgenössischen Verlangen nach dem Heil gibt es noch eine tiefere Strömung, ein transzendierendes Sehnen nach Erlösung, das in der Philosophie zum Neuplatonismus geführt hat. Diese edle und geschichtlich so wirksame Philosophie findet jenseits der Vergänglichkeit und Mangelhaftigkeit des Sichtbaren die transzendente Wahrheit. Die Seele verlangt nach der Heimkehr in eine obere Welt. Sarkophage aus dem Jahrhundert Plotins (205–270) schildern die Seligkeit der Erlösten. So schläft der Hirt Endymion, der Geliebte der Mondgöttin Selene, in einer idealen bukolischen Landschaft, von Liebesgöttern umspielt, und wird von der Göttin besucht, in deren Sphäre man sich damals die Entschlafenen dachte (Abb. 10). So lehrte Plotin hinter der Häßlichkeit der irdischen Welt die Vollkommenheit der Ideenwelt zu erschließen[14]. Diese römische Transzendenz ist dem ursprünglichen Evangelium fremd, das hier und jetzt zur Nachfolge des Herrn aufruft. Auch Platon, dem Vorbild Plotins, war es mehr als um ein Transzendieren der Wirklichkeit um ein Deuten der Wirklichkeit aus ihren tiefsten Gründen gegangen, also eher um ein Deszendieren der irdischen Abbilder von den ewigen Ideen. Das wirkt noch im Johannesevangelium nach, so, wenn es am Anfang heißt, daß das göttliche Licht in die irdische Finsternis kam, und daß die Finsternis es nicht ergriffen hat.

Man hat bisher den Ursprung der transzendierenden Philosophie der Römerzeit nicht erkannt, weil man nicht ernst genug nahm, daß Rom um 150 v.Chr. die Hauptstadt des Mittelmeergebiets geworden war. Damit war das ganze griechische Erbe in den Dienst einer Kultur getreten, die schon immer transzendierende Elemente gehabt hatte, schon darin, daß sie sich an der griechischen Nachbarkultur bildete, also ihre eigene Herkunft transzendierte. Dazu kommt die Nachwirkung von orphischen und pythagoreischen Vorstellungen. So stellt schon die klassische unteritalische Grabkunst das Leiden des Todes und das Glück der Seligen gegenüber[15]. Auf einer prunkvollen Grabvase aus Apulien in Basel (Abb. 11) verwandelt sich in der Phantasie des Malers das Hauptmotiv dieser unteritalischen Vasen, der Grabbau, in den Palast von Admet und Alkestis. Alkestis stirbt, weil sie nur so ihrem Gatten Admet das Leben erhalten kann, aber sie wird unsterblich werden, wie man es für die Tote erhofft, der man die Vase ins Grab mitgegeben hat. Schon kommen von links her Selige mit Gaben und werden die Tote in ihr Reich aufnehmen. Im Mythos besiegt Herakles den Tod und führt Alkestis ins Leben zurück. Darauf wird hier nicht angespielt. Durch Leid zur Erlösung! Das ist ein tiefes, bleibendes Vertrauen italischer Kulturen. Die Jenseitsvorstellungen des griechischen Mutterlandes bilden dagegen, ähnlich wie das Gottesreich der Evangelien, den Hintergrund der Aufgaben, die uns im Hier und Heute gestellt sind. In dem Mädchen auf dem Grabrelief von Paros (Abb. 1) lernten wir ein Urbild vollkommenen Seins kennen, so, wie uns im Traum ein geliebter Mensch in schönster Erinnerung erscheinen mag. Wie die Toten solcher Grabreliefs[16] sind auch die griechischen Götter Urbilder der sichtbaren Wirklichkeit, während ihr die römischen als höhere Sphäre gegenüberstehen.

Die jugendliche eherne Statuette eines Iupiter in Viterbo verdankt zwar das organische Verstehen des Körpers griechischen Vorbildern (Abb. 12), aber der bannende Blick, der Schmuck, die manierierte Drapierung und Pose repräsentieren übermenschliche Wirklichkeit. Solche Bilder sind oft nur noch Symbole für Staat und Gesellschaft, wie die Dreiheit von Iupiter, Iuno und Minerva, die in allen Haupttempeln des Reichs verehrt wurden. Dieses Symbolische spürt man auch im Ungreifbaren der Räume römischer Tempel. Ihre Kultbilder standen an der Rückwand und sprachen sich wie mittelalterliche Andachtsbilder nur in ihrer frontalen Erscheinung aus, nicht vollplastisch wie griechische Kultbilder. Deshalb werden Wandmosaiken die monumentale Ausdrucksform der christlichen Antike, als transzendente heilige Welt, der auch ihre kaiserlichen Vertreter angehören. Etwas von dieser Auffassung hat sich noch in den barocken Altären unserer Kirchen erhalten. Das Merkwürdigste ist aber, daß sich die mächtigsten römischen Räume in Amphitheatern und in Thermen befanden, und daß solche Bauten in den Städten dasselbe Gewicht hatten wie Dome in mittelalterlichen Städten. Die Munifizenz des

11 Die sterbende Alkestis. Um 350 v.Chr. Von einer apulischen Lutrophoros in Basel, Antikenmuseum.

Kaisers, die sich in Theatern, Thermen und Palästen dokumentierte, war eine Heilsvorstellung, die in den Inschriften römischer Päpste an ihren Bauten bis heute nachlebt.

Vom Evangelium führt dieses Transzendieren weit hinweg. Aber das römische Verhältnis zum Tod, das sich damit verbindet, ist in der Lehre vom Kreuz am tiefsten gedeutet worden. Schon die „Verwandlungen", die Metamorphosen Ovids, zeigen den

Dichter fasziniert von den Übergängen aus diesem Leben in ein anderes, wie sie in der römischen Dekoration unermüdlich dargestellt werden. Tod als Durchgang zur Unsterblichkeit sahen wir schon als Thema älterer italischer Grabkunst, und er bleibt ein großes römisches Thema bis zu den Sarkophagen (wie Abb. 10). Die Gruppe des leidenden Laokoon und seiner Söhne hat seit ihrer Auffindung 1506 die Menschen auch deshalb so ergriffen, weil dieser Todeskampf an den Christi und der Märtyrer erinnerte. Solche Schreckensszenen faszinierten die Römer. Dazu kam, daß ihnen Laokoons Ende bedeutsam war als die Voraussetzung für den Untergang Trojas und damit die Flucht des Aeneas und die Gründung des römischen Reiches. Die Griechen haben Laokoon dagegen nie monumental dargestellt. Für unsere Frage nach der Auffassung des Leidens in der Römerzeit noch wichtiger ist die Gruppe des Marsyas, der am Baum aufgehängt zusehen muß, wie der skythische Sklave das Messer schleift, um ihn zu schinden (Abb.13a.b). Die griechische Kunst hatte aus dem Mythos von Marsyas diese Szene erst im Hellenismus des dritten Jahrhunderts herausgegriffen, weil dabei das unsichtbar Seelische in einer Grenzsituation sichtbar wurde. Es ging ihr nicht um das Leiden selbst, sondern um die Erfahrung einer bis dahin unsichtbaren Dimension der Existenz. Marsyas hat das Naive des Tieres und zugleich das Ausdrucksvolle und Bewußte des Menschen. Beides verbunden bringt Angst und Qual zu einer nie zuvor erlebten entsetzlichen Wirkung, auch wenn das Schinden selbst erst in nachantiker Kunst dargestellt wird. Aber gerade die Qual als Inbegriff irdischen Leidens war ebenso wie beim Laokoon der Anlaß, warum das Werk in der Römerzeit kopiert wurde, der Marsyas sogar in auffallend großer Zahl und oft mit rötlichem Marmor, als sei der Arme schon geschunden.

◁ *12 Bronzestatuette des jungen Iupiter (Veiovis). Um 50 n.Chr. Viterbo, Museo Civico.*

Es ist kein Zufall, daß die Strafe der Kreuzigung seit etwa 100 v.Chr., also bald nach dem Beginn der Römerzeit, in Italien und Palästina an Tausenden von Gegnern vollzogen wurde, während die Griechen diese Strafe als fremdartig und barbarisch empfunden hatten[17]. Von hier aus versteht man die Schrecken der römischen Amphitheater, ja die Leiden der Besiegten auf römischen Sarkophagen, die spätgotische Bilder des Leidens vorwegzunehmen scheinen (Abb. 14), ja, man versteht besser die Ekstase der Märtyrer, die zu Tausenden den Tod suchten, und schließlich die mittelalterlichen Höllenbilder des Jüngsten Gerichts, dem die

13a.b Ein Skythe schleift das Messer zum Schinden des Marsyas. Römische Kopien nach einer um 250 v.Chr. geschaffenen ehernen Gruppe. Florenz, Uffizien, und Istanbul, Antikenmuseum.

Heiligen wie Zuschauer im Amphitheater beiwohnen[18]. Es ist also römische, nicht griechische Sitte, die den Hintergrund der Passion bildet. Seltsamerweise hat man diesen Zusammenhang nicht beachtet, obwohl die Tiefe des Mysteriums vom Leiden und der Auferstehung des Herrn zum grauenhaften römischen Foltern ergreifend kontrastiert. Die Lehre vom Kreuz gibt die abgründigste Antwort auf das transzendierende Erlösungsverlangen der Römerzeit. Hier geht es nicht um die Faszination des Leidens als Ausdruck irdischer Bedingtheit, sondern um das Heil der Menschen, für das Gott selbst leidet, um das Geheimnis von Leid und Tod, die durch die Offenbarung der Gnade Gottes besiegt sind. Alles, was bisher zu sagen war, ist von hier aus neu zu verstehen. Die natürliche und die ethische Wirklichkeit, von der wir eingangs gesprochen haben, treten in das Licht der Gnade. Das Leben erhält einen neuen Sinn. Zwar bleibt vor Gott alles Irdische bedingt, „steht unter dem Gericht", aber der Mensch ist aufgerufen, ein neues Leben zu beginnen, denn die Schöpfung ist wieder in den Stand der Gnade erhoben.

Die Lehre vom Kreuz ist auf römischem Boden in einer Weise umgedeutet worden, die bis in die Gegenwart nachwirkt. Schon Lessing unterschied die Lehre von Tod und Auferstehung als zweites Evangelium vom ersten, von Leben und Lehre Jesu. Aus der Lehre der Bergpredigt ist die von der Erlösung, von der Sorge ums Seelenheil des einzelnen Menschen im Jenseits geworden, ja eine Heilsgeschichte vom Sündenfall bis zum kommenden Gottesreich. Wichtiger als der unmittelbare Ruf des Herrn wurde die Fürbitte der Heiligen, aus dem Gehorsam wurde Marien- und Heiligenverehrung, aus dem griechischen Verstehen der Wirklichkeit der Dualismus der Geretteten und Verdammten. All dies hat eine

14 Kopf eines Sterbenden vom Schlachtsarkophag Ludovisi in Rom, Thermenmuseum. Um 250 n.Chr. ▷

Geschichte, der unsere Ehrfurcht gebührt, aber gerade heute ist es noch dringender, nach dem geistigen Hintergrund des Evangeliums selbst zu fragen.

Heute sehen wir die Spannung zwischen der Bedingtheit der Existenz und der verheißenen Erlösung nicht mehr als zeitliche Folge, denn der Mensch lebt immer zwischen den Polen des göttlichen Gerichts und der göttlichen Gnade. Man kann sich die Erde von der Sonne gesehen denken: dann verschwinden alle Höhen und Tiefen, so wie das Irdische vor dem ganz anderen nichtig ist. Ist der Mensch aber durch die Offenbarung neu in die Welt gewiesen, sieht er ihre Berge und ihre Ebenen und Täler in dem Maß, das durch die ursprüngliche Schöpfung gegeben ist. Alles Große und Edle erscheint dann wie alles Menschliche im Licht der Lehre vom Neuen Leben, zu dem wir aufgerufen sind. Für dieses neue Leben kann man von den Griechen lernen wie von keiner andern Kultur der Geschichte, denn gerade auf das griechische Suchen nach der Wahrheit antwortet die Offenbarung.

DER GRIECHISCHE HINTERGRUND DES URCHRISTENTUMS

Ausdrucksformen griechischer Philosophen wurden vielfach, besonders in Briefen des Paulus und im Johannesevangelium, auf die Frohe Botschaft bezogen, aber was wir vom griechischen Erbe bei Jesus selbst beobachten können, hat nicht diesen literarischen Charakter: Es ist einmal die Hellenisierung des zeitgenössischen Judentums, die durch die Archäologie deutlicher wird als durch die literarische Überlieferung. Dazu kommt aber ein Tieferes: wie Jesus haben die Griechen immer wieder aus dem Ursprung der Existenz neu begonnen. Schon der geometrische Stil wendet sich vom orientalischen Erbe ab und gestaltet Grundformen des Seins (Abb. 24). Ähnlich lehrt die Bergpredigt Urbilder ethischen Verhaltens, die uns an Platons Ideen erinnerten. Einen Ursprung, eine „Arché" haben auch die Griechen immer gesucht, wenn sie die Welt neu sahen. So tief Jesus in der jüdischen Herkunft wurzelt, so vollkommen er das Gesetz erfüllte, ist er doch mehr als das Gesetz. Er verwirklicht nicht nur eine ethische Lehre, sondern ein neues Leben, nicht als Prophet, sondern als Lehrer, der liebend mit seinen Jüngern verbunden durch das Land geht, allen zugewandt, die ihn suchen. Das erinnert an griechische Weisheitslehrer. Als er seine Jünger aussandte, in seinem Sinn zu lehren und zu wirken, gebot er ihnen, nur Mantel und Stab mitzunehmen. Das ist die Tracht der kynischen Philosophen, allerdings ohne deren Rucksack. Die feine Kopie eines hellenistischen Bildes im Thermenmuseum (Abb. 15) zeigt den Philosophen Krates, dem die reiche Tochter Hipparcheia in sein armes Leben folgen will, ihre ganze Habe in einem Korb auf ihrem Haupt tragend. Krates' Sprüche passen dazu, etwa: „Reichtum verführt zur Eitel-

15 Krates und Hipparcheia. Römisches Wandbild, nach frühhellenistischem Gemälde. Rom, Thermenmuseum.

keit." Wie Krates war Sokrates gekleidet; ursprünglich ist es die Tracht des Herakles. Es ist die bewunderte altgriechische Art, zu der Philosophen zurückkehren. Und Sokrates wie Christus lernen wir im Gespräch mit ihren Jüngern und anderen Begleitern kennen, unter denen Frauen eine ergreifende Bedeutung gewinnen.

In meinem Buch über die Bildnisse der antiken Dichter, Redner und Denker (1943) gab ich als letztes Bild die Statuette des lehrenden Christus im Thermenmuseum (Abb. 16) aus der Zeit

16 Christus als Lehrer. Um 350 n.Chr. Rom, Thermenmuseum. ▷

61565

um 350 n.Chr. Ältere Kirchenväter schildern Christus eher häßlich wie Sokrates und Krates. Dem Meister der Statuette kam es auf das Wunder der Inspiration an. Wie er blickt schon Alexander der Große auf in seine höhere Heimat. Jedenfalls sieht die Kunst Christus und die Jünger in griechischer Tracht, nicht in orientalischer, wie man in Palästina erwarten könnte. Die Kleidung Christi und der Jünger ist deutlich verschieden von den seit alters für Orientalen üblichen Gewändern mit Hosen und Ärmeln, mit denen man die drei Weisen aus dem Morgenland charakterisierte. Seit der Hellenisierung des Judentums in Alexandria wird es in seiner äußeren Erscheinung selbstverständlich als Teil der klassischen Welt gesehen.

Am engsten sind sich Judentum und Griechentum in Alexandria begegnet, das eine fast zur Hälfte jüdische Stadt war. Dort gab es Epen und Tragödien griechischer Form mit biblischen Themen, historische und philosophische Werke nach griechischem Muster, ferner die so lang nachwirkenden sibyllinischen Verheißungen und Bilderzyklen, die stark auf die altchristliche Kunst gewirkt haben. Ein solcher Zyklus ist im frühen dritten Jahrhundert n.Chr. durch die Wandgemälde der Synagoge von Doura Europos überliefert[19], ein anderer, bisher verkannter auch durch den um 440 datierten alttestamentlichen Zyklus der Mosaiken von Santa Maria Maggiore in Rom, der freilich sehr im spätantiken Sinn verändert ist (Abb. 17 f.). Nach seinen frühhellenistischen Stilelementen geht er in die Zeit zurück, in der unter Ptolemaios II. (285–246 v.Chr.) der Kern der Septuaginta, der griechischen Bibelübersetzung, geschaffen wurde, der erste bekannte Versuch der klassischen Antike, ein Werk solchen Umfangs in eine andere Sprache zu übersetzen.

Eines der Mosaiken zeigt die Disputation des jungen Moses mit den Weisen (Abb. 17), auf die in der Bibel nur die Apostelgeschichte anspielt (7,22). Auch Philon von Alexandria berichtet in der Zeit Christi von dieser Disputation und nennt als Moses' Partner ägyptische, chaldäische und griechische Weise, entspre-

17 Oben: Pharaos Tochter und der Mosesknabe. Unten: Disputation des jungen Moses mit den Weisen. Um 440 n.Chr. Mosaik in Santa Maria Maggiore in Rom nach einem Vorbild um 250 v.Chr.

18 Die Israeliten erleben den Untergang der Ägypter im Roten Meer. Vom gleichen Zyklus wie Abb. 17.

chend den vielen Völkern, denen das Judentum damals in seiner weiten Ausbreitung begegnete. Das Mosaik aber stellt Moses nur griechischen Weisen gegenüber, die als Vertreter ihrer Schulen ausdrucksvoll charakterisiert sind, so daß man bestimmte Persönlichkeiten erkennen möchte. Der Unterschied des Mosaiks von Philons Bericht erklärt sich daraus, daß sich das Judentum im dritten Jahrhundert in erster Linie mit der herrschenden griechischen Kultur auseinanderzusetzen hatte, in der Zeit Philons aber mit vielen Völkern. Das Mosaik überliefert also eine frühere Fassung der Erzählung als Philon und die Apostelgeschichte. Die Kirche hat die Disputation des jungen Moses mit den Weisen als eine Präfiguration des lehrenden Jesuskindes im Tempel angesehen. Das bleibt auch für uns bedeutsam.

Vor dem Hintergrund Alexandrias wird die Verbindung der Lehre Christi mit dem griechischen Erbe ebenso deutlich, wie wir die Lehre vom Kreuz mit der römischen Kultur verbunden sahen. Die hellenisierten Juden Alexandrias kamen in die heilige Pilgerstadt Jerusalem und brachten den dortigen Juden ihre griechischen Vorstellungen. Die Synagoge von Doura bewahrt noch ein anderes erstaunliches Zeugnis für die Verbindung der Juden Alexandrias mit der griechischen Symbolwelt. Über der Apsis für die Thora sieht man Orpheus, der die Tiere bezaubert, jenes seit dem Hellenismus so allgemein verwendete Zeichen des friedlichen Goldenen Zeitalters. Für die Juden war es eine Vordeutung auf das Reich Davids und des Messias.

Ein anderes Mosaik des Zyklus von Santa Maria Maggiore (Abb. 18) bewahrt ein bewundernswertes Beispiel frühhellenistischer Erzählungskunst. Links steht am Ufer das gerettete Heer der Israeliten, ohne Waffen, nur mit seinem Vertrauen auf den Herrn gerüstet, und vorn der gebietende Moses. Auf seinen Wink strömt das Rote Meer über das Heer der Ägypter, das man rechts noch aus ihrer Stadt herausfahren sieht: es ist die kontinuierende Darstellungsweise altorientalischer Tradition, die mehrere aufeinanderfolgende Ereignisse in ein Bild zusammenzieht. Die Ägypter gebrauchen Streitwagen, das Kampfmittel der Bronzezeit, das in der klassischen Kultur nur noch in wenigen Gebieten gebräuchlich war, aber dem gelehrten hellenistischen Erfinder der Bilderzählung als Mittel diente, das Altertümliche des Geschehens zu kennzeichnen[20]. Das Ergreifendste der Szene ist aber die würdige Auffassung des ertrinkenden Pharao. Sie erinnert an die tragische Größe des Perserkönigs auf dem Mosaik der Alexanderschlacht, das auf ein um 317 v.Chr. geweihtes Gemälde zurückgeht[21]. Es ist griechisch, den Gegner so groß zu sehen. Die Auffassung der Römerzeit war eine ganz andere; nur selten bewahren römische Kopien wie unser Mosaik die Auffassung der Griechen.

Wenn wir die hellenistisch-jüdische Erzählungskunst Alexandrias auf diesem Mosaikzyklus bewundern, wollen wir auch die der Evangelien selbst nicht vergessen. Einer der feinsten Kenner der griechischen Dichtung hat die Poesie der Evangelien die schönste von allen Dichtungen der Kaiserzeit genannt und die Leidensgeschichte Christi in ihrem milden Glanz und in ihrer vollkommenen Schönheit die ehrwürdigste dieser Perlen[22]. Er weist darauf hin, wie sich die geschlossene Einheit der Leidensgeschichte in wuchtiger Kraft aus den übrigen Teilen des Markusevangeliums heraushebt. Sie geht also auf einen älteren Schöpfer zurück. War dieser vielleicht nicht griechischer Abstammung, so ist doch seine Kunst in griechischer Sprache durch die Welt gegangen.

All dies zeigt, daß die Abwendung des Judentums vom Hellenismus im Aufstand der Makkabäer mehr ihre Theologie als ihre Bildung anging. Das griechische Menschenbild des Urchristentums bezeugt etwas Tieferes, das das Neue Testament durchaus vom Alten unterscheidet. Nirgends findet sich in diesem etwas, das dem Verhältnis des Herrn zu Petrus, zu Matthäus, zu Johannes, zur Samariterin, zu Martha und Maria vergleichbar wäre. Durch Christus ist die Religion der Juden zu einer Weltreligion geworden, die sich an alle Menschen wendet. Griechisch ist es, andere Menschen nicht nur zu tolerieren, sondern zu respektieren und zu verstehen. Das Geschichtswerk Herodots ist das erste erhaltene Beispiel solchen Verstehens und Respektierens anderer Völker in der Weltliteratur. So ist ja auch die Isisreligion durch die Griechen zu einer Weltreligion geworden.

Das Evangelium setzt griechische Menschlichkeit und Kühnheit des Denkens voraus: „Ihr sollt vollkommen sein, wie euer Vater im Himmel vollkommen ist" (Matth. 6,48). Dann ist das Reich Gottes schon jetzt gegenwärtig. Hier und jetzt wird das neue Leben gefordert. Damit ist dem Evangelium das römische Transzendieren fremd, das das Heil in der Zukunft erwartet, wie wir es von Paulus am tiefsten gedeutet finden. Es geht Jesus nicht „um den Rückzug aus der Welt auf das Heil des Einzelnen und seiner Seele, sondern um die Bewältigung der Not der Welt"[23].

Im Gegensatz zur jüdischen Überlieferung, die damals besonders von den Sadduzäern vertreten wurde, kennt das Evangelium aber auch Jenseitsvorstellungen, die Christus mit den Pharisäern gemeinsam hat. Zwar wird aus der griechischen Vorstellung der Unsterblichkeit der Seele die der Auferweckung der Verstorbenen mit Leib und Seele, aber das Ethos der Verantwortung vor dem Gericht erinnert an Sokrates Haltung in Platons Dialogen Phaidon und Kriton. In der Tradition griechischer Mysterien steht jedenfalls das gemeinsame Mahl des Herrn mit seinen Jüngern, an sich schon ein Symbol von Liebe und Leben[24]. Die spätantike Verachtung des Körpers ist dem Evangelium fremd. Zum griechischen Gott der Liebesleidenschaft, zu Eros, bringt die christliche Liebe, die Agape, eine unendlich segensreiche Lebenshilfe hinzu. Zwar bekommt Eros heute wie alle griechischen Götter eine neue Bedeutung, wenn wir durch die Gnade zu einem neuen Leben aufgerufen sind, aber er herrscht nicht mehr. Wie unser ganzes Leben zwischen Gericht und Gnade ausgespannt ist, so auch zwischen Liebesleidenschaft und Nächstenliebe. In dieser Spannung einen Weg zu finden, gehört zur Tragik der menschlichen Existenz. Die kirchliche Verkündigung könnte von der griechischen Klassik lernen, das Leben tragisch zu sehen.

Hatte das traditionelle Judentum etwas Konservatives, so ist Jesus ein Revolutionär wie die griechischen Denker. Erklärte er sich als Sohn Gottes und sagte, daß Gott in den Herzen der Menschen wohnt, widersprach er aller jüdischen Autorität ebenso wie mit der Befreiung von sklavischer Gesetzestreue. Wie Epikur wendet er sich auch Frauen und Kindern zu und wie die stoischen Philosophen auch Sklaven und Frommen aus andern Völkern, die ihn suchen. Bei Lukas' Erzählung von Christi Geburt dürfen wir an die griechischen Bilder der Geburt göttlicher Kinder denken[25]; Lukas steht ihnen näher als den verwandten orientalischen Erzählungen. Auch wenn theologische Forschung die Weihnachtsgeschichte als unhistorisch erklärt, hebt sie sich doch durch ihren geistigen Rang aus allen ähnlichen Mythen heraus. Sie hat deshalb eine innere Wahrheit, an der man nicht irre zu werden braucht.

Aus den klassischen Bildern des Emporsteigens göttlicher Frauen aus der Erde[26] und aus den Grabreliefs spricht eine Ehrfurcht vor der Frau, die wir bei Christus wiederfinden (Abb. 1) und die die Zeitgenossen ebenso überrascht hat, wie die Liebe zu den Kindern. Christus erforscht zwar die menschliche Natur nicht wie die Griechen, aber er kennt ihre Höhen und Tiefen. Wer in seinen Kreis kam, kam zu Brüdern und Schwestern, die nicht nur auf ein kommendes Reich harrten, sondern dafür wirkten. Denn Christus nennt Gott den Gott nicht der Toten, sondern der Lebenden.

Die Redeweise des Herrn ergreift durch ihre dichterische Kraft, während bei Paulus das Denken den Vorrang hat. Das Reden zum göttlichen Vater im Gebet verbindet die Verinnerlichung und die Seelenführung der hellenistischen Philosophie mit dem Erbe des Alten Bundes. Die Anrufung „Unser Vater" ohne Nennung des Namens Gottes war schon in der stoischen Lehre möglich[27]. Die Innigkeit dieses Betens ist uns allzu selbstverständlich geworden, ebenso wie das Gebot der Nächstenliebe, das trotz aller Verflachung kostbarste Mitgift abendländischer Frömmigkeit geworden ist. Man hat beim Gebet des Herrn auch daran erinnert, wie viel näher seine Schlichtheit dem Gebet des Sokrates in Platons Phaidros ist als den Huldigungen des Alten Testaments und den ekstatischen der späteren Kirche. Sokrates betet: „O lieber Pan und ihr Götter, die ihr sonst hier zugegen seid, verleihet mir, schön zu werden im Innern und daß, was ich Äußeres habe, dem Inneren befreundet sei. Für reich möge ich den Weisen halten und nur soviel Gold besitzen, wie ein anderer als der Besonnene gar nicht tragen könnte."

Wie Sokrates gibt Jesus seinen Hörern keine festen Regeln, sondern er will, daß sie selbst finden, wie in seinem Sinn zu handeln sei. Den Tod vor Augen, mahnt Sokrates die Freunde, nur an die Wahrheit und nicht an ihn zu denken, und Jesus sagt zu Pilatus „Ich bin in die Welt gekommen, die Wahrheit zu bezeugen" (Joh. 18,37), auch er im Angesicht des Todes. Er war, was er lehrte, das Licht der Menschen, und Licht braucht keinen Beweis, es muß nur gesehen werden. Deshalb hebt er das, was er zu sagen hat, mit solcher Autorität von den früheren Lehren ab. Platons Schilderung der Leiden, auf die der Weise als Bekenner der Wahrheit gefaßt sein muß, wirkt wie eine Vorahnung der Leiden Christi, und es scheint, daß die Vorstellung des Leidens für die Wahrheit über die stoische Lehre ins Neue Testament gekommen ist[28]. Der Weg des griechischen Geistes ist ein unaufhörliches Fragen nach der Wahrheit, und man kann das Evangelium als Antwort auf dieses Fragen ansehen, das man also nicht ein „verzweifeltes" nennen sollte[29]. Es begegnet der Fülle der Existenz mit einer Tapferkeit, die durch das Abendland gewirkt hat. Solches Fragen bleibt eine Aufgabe, die unerschöpflich ist wie das Leben selbst, auch wenn man die Antwort des Evangeliums vernommen hat. Denn das Evangelium ist ein Gestirn über unserem Weg, aber keine Lösung des Welträtsels: wäre es gelöst, würde das Leben enden.

Bei allen Unterschieden jüdischer und griechischer Religion sollte man auch Gemeinsames nicht vergessen. Wie die Griechen hatten auch die Juden heilige Bezirke, in die man nur nach Reini-

19 Opferzug einer Familie zu einem Götterpaar, das in einer Variante als Isis und Serapis charakterisiert ist. Wohl spätes 3. Jh. v.Chr. München, Glyptothek.

gungen, Fasten und Wachen, also oft tagelangen Weihen, einkehren durfte, um dort ein neues Leben zu beginnen. Wenn man sich frägt, was den griechischen Bildern im bildlosen Israel entsprach, so findet man das Gesetz. Die strengen rituellen Vorschriften bedeuten eine Durchdringung des Lebens mit dem Göttlichen, von der Flavius Josephus gesagt hat: Die Griechen feierten Mysterien nur wenige Tage, im jüdischen Staat aber sei das ganze Leben ein Mysterienfest[30]. Dazu kommt bei beiden Völkern eine unendlich reiche Dichtung, die man sich wie die Psalmen gesungen vorzustellen hat. In Griechenland war die Landschaft so reich an heiligen Stätten wie bei uns noch manche katholische Gegenden (Abb. 19). Überall gab es heilige Bäume, Quellen und Altäre in sorgsam umhegten Bezirken, oft mit Kult-Bildern. Hermen standen an den Wegen, und vor den Toren der Ortschaften begleiteten Gräber mit Standbildern und Reliefs die Straßen. Obwohl der ursprüngliche Sinn mancher religiösen Gebräuche nicht mehr verstanden wurde, wurden sie durch Jahrtausende treu bewahrt. Sie behielten eine ethische Wirkung, die man an den Prozessen gegen Gottlosigkeit erkennen kann, auch wenn sie irrten, wie in der Verurteilung des Sokrates. Mit kühnem Denken und Fragen verband sich ehrfürchtiges Bewahren des Überlieferten.

GOTT UND DIE GÖTTER

So deutlich der hellenistische Hintergrund des Urchristentums ist, sind doch die Unterschiede weit besser bekannt: dort die herrlichste Bildwelt, hier das Verbot von Bildern, dort Vielgötterei, die Juden und Christen ein Horror war[31], hier der Eine Herr der Heiligen Schrift, dort die Sonne Homers, der Glanz des Olymp, hier das Gericht über alles Irdische und das Harren auf das Reich. Aus den Unterschieden folgte ein Kampf, in dem sich das junge Christentum bewähren mußte und der sich bis in die Gegenwart immer erneut hat, obwohl die Kirche das griechische Erbe in erstaunlichem Umfang aufgenommen und bewahrt hat.

Heute ist die Lage völlig verändert. Wir sahen, wieviel Griechisches das Evangelium voraussetzt, und umgekehrt lehrt uns dieses, die tiefe griechische Frömmigkeit in neuem Licht zu sehen. Die griechische und die evangelische Überlieferung sind unser kostbarstes Erbe, aber zu diesen Ahnen verhalten wir uns völlig verschieden. Mit der Offenbarung leben wir als Betende, aber das griechische Erbe ist zur Geschichte geworden, auch seine Heroen und seine Götter. Wir können sie als Wunder der Schöpfung verehren und als Deutung der Wirklichkeit verstehen. Wir können uns vor ihnen verantworten wie vor allem Großen der Schöpfung. Sie können uns warnen vor dem modernen Mißbrauch der gottgegebenen Wirklichkeit. Aber ihr Kult lebt nicht mehr wie im Athen des Paulus. Und wir sehen heute, wie weit sich die späthellenistische Heilserwartung von der ursprünglichen griechischen Frömmigkeit entfernt hatte. Ja, schon die burlesken Götterschilderungen, die in die Epen Homers durch jüngere Dichter eingefügt wurden, entfernen sich weit von der Frömmigkeit Homers und Hesiods. Schon die archaischen Philosophen nahmen

Anstoß an diesen dichterischen Freiheiten, und dann hat das Jahrhundert der Tragödie die Götter mit neuem Ernst gesehen.

Als Beispiel betrachten wir den bald nach 480 gemalten Götterzug auf dem Mischkrug in Basel, der von dem sogenannten Berliner Maler stammt (Abb. 20–23). Ein Fries von neun Gottheiten umgibt die kraftvolle Wölbung: In der Mitte besteigt Zeus, mit Lorbeer bekränzt, den leichten Wagen, dessen Viergespann ungeduldig wartet. Die Hände halten die Zügel, den Blitz und den Stachel zum Antreiben der Pferde. Athena, deren Geist dem Vater am nächsten ist, blickt zu ihm um, schreitet neben dem Wagen und hat den Helm abgenommen wie immer, wenn sie nicht zu unheimlich in ihren dämonischen Waffen erscheinen will. Hinter Zeus eilt die Siegesgöttin mit einem Weihrauchbekken herbei, weil die Götter der höheren Macht huldigen werden, und von rechts kommt Hermes auf den Wagen zu. Er sichert glückliches Geleit und grüßt Apollon, der mit seiner mächtigen Kithara in der Linken vorausschreitet und auch zum Vater umblickt. Diese fünf bewegten Gestalten, deren mittlere Athena ist, wirken wie eine Erscheinung, denn sie werden auf beiden Seiten durch zuschauende Gottheiten gerahmt: links Dionysos und rechts Poseidon, jeder von einer Göttin, die ein Szepter hält, begleitet. Das Visionäre wird noch dadurch gesteigert, daß zwischen diesen Göttinnen ein attischer Bürger, durch den üblichen Knotenstock charakterisiert, den Zug bewundert. Der Maler schildert nicht nur den Glanz der archaischen Erscheinung der Götter als Wirklichkeit, sondern er läßt ihn als Wunder verstehen. Dennoch sind diese Götter zunächst innerweltliche Mächte, Zeus' Geist und Gewalt, Athenas bildende Kraft, Dionysos' Leidenschaft,

20–23 Götterzug. 20 Nike, Zeus und Athena. 21 Hermes, Apollon und Poseidon. 22 Poseidon, Amphitrite und attischer Bürger. 23 Attischer Bürger, Ariadne, Dionysos und Nike. Um 480 v.Chr. Mischkrug des Berliner Malers. Basel, Antikenmuseum. ▷

20

22

21

23

Poseidons geheimnisvolle Erhabenheit. Der Maler hat Apollon hervorgehoben, denn in hoher Dichtung vollendet sich irdisches Dasein. Wir brauchen einstweilen dazu nicht mehr zu sagen, um den Unterschied anschaulich zu machen: Der Gott der Bibel ist nicht innerweltlich wie die Götter, sondern allumfassend, der Ganz Andere, transzendente, vollkommen in Gerechtigkeit und Güte, der Weltenschöpfer.

Der Unterschied ist so groß, daß man die griechischen Götter eigentlich nicht mit demselben Wort bezeichnen sollte wie den Gott der Bibel. Er ist der Schöpfer, die Götter aber gehören, biblisch gesprochen, zur Schöpfung. Sie sind geschichtliche Gestaltung von Lebensmächten. Deshalb können wir zu den Göttern nicht beten wie zu Gott, aber wir können mit ihren künstlerischen und dichterischen Gestalten leben. Auch das ist eine religiöse Bindung im Sinne Goethes. Gott und Götter sind kein Gegensatz, sondern die Vorstellungen ergänzen sich: Die Götter stehen nicht „neben" Gott, wie die Mächte, gegen die sich das erste Gebot richtet, sondern unter ihm. In den Göttern ist uns etwas anderes geschenkt: nicht die Überwindung der Bedingtheit des Lebens, sondern das Verstehen des Lebens. Aus diesem Verstehen des Lebens erklärt sich das Allzumenschliche der Götter in jüngeren Teilen der homerischen Gedichte: die Eifersucht der Hera, das weinende Mädchen Artemis, der drollig hinkende Hephaistos, der aus dem Olymp geworfen wurde, und gar der Ehebruch von Ares und Aphrodite. Man hat zeigen können, daß diese Schilderungen, die in glaubenslosen Zeiten so populär wurden, erst später in die homerischen Gedichte eingefügt wurden[32]. Uralte Mythen von Götterliebe und Götterkämpfen werden in diesen Erzählungen zu heiterem Spiel (Abb. 42.43).

Dagegen geben die ursprünglichen Teile von Ilias und Odyssee eine erhabene Vorstellung von der göttlichen Bindung des Lebens. Im ersten Gesang der Ilias zieht Achill in maßlosem Zorn auf Agamemnon das Schwert. Da erscheint ihm Athena und warnt ihn, und diese Warnung wird bestimmend für das folgende

Geschehen. Ebenso lenkt Athena den Odysseus in Szenen innerer Erfahrung, so nach der Ankunft auf Ithaka. Solche Szenen finden sich ursprünglich nur auf Höhepunkten des Geschehens. Aber jüngere Dichter wurden dadurch angeregt, die Götter überall zu beteiligen und zu schildern, wie die Götter sich über die Helden unterhalten, ja, wie sie überall ins irdische Geschehen eingreifen. Die Erzählung gewinnt an Buntheit und Beweglichkeit, während es Homer darauf angekommen war, die dämonische Tiefe des Geschehens sichtbar zu machen. Seine ernste Religiosität entspricht der, die wir in der Kunst kennen lernen und die in der Tragödie des fünften Jahrhunderts ebenso vertieft wird wie in der Philosophie (Abb., 4–6. 32–38).

Es ist ein Irrtum, wenn neulich in einem vielgelesenen Buch über die Kultur der Griechen behauptet wurde, die griechische Religion sei durch mythische Ausschmückung verdünnt worden[33]. In Wirklichkeit haben die Griechen aus der Vorzeit einen unermeßlichen Schatz von Mythen überkommen, von dem in der historischen Zeit nur ein Teil dichterisch und künstlerisch neu gestaltet werden konnte. Zum Beispiel ist es ein uralter Versuch, das Wunder hohen Menschentums zu deuten, wenn Sagen erzählen, daß Götter sich mit sterblichen Geliebten verbinden und so adlige Geschlechter zeugen. Den historischen Griechen haben solche alten Mythen schwer zu schaffen gemacht. Man denke nur an das Schicksal der Kassandra, die Apollons Liebe nicht erhörte. Er bestrafte sie damit, daß sie zwar eine Seherin war, daß aber niemand ihren Voraussagen glaubte. Obwohl solche Mythen schwer begreiflich waren, wurden sie ehrfürchtig überliefert.

Der Weg der Griechen zum Monotheismus war ein langer, weil sie vom Sichtbaren ausgingen[34]. Allen Menschen liegt es zunächst näher, sich in Nöten an göttliche Mächte zu wenden, denen jene Nöte vertraut sind. So beten die Liebenden zu Aphrodite, die Frauen zumal zu mütterlichen Gottheiten. Dazu kommt bei den Griechen, daß sie die Erscheinungen zu verstehen versuchen. Sie scheuen sich, über den Weltgrund etwas auszusagen, das man nicht aus den Erscheinungen erschließen kann. Darin ist Goethes Religion ganz griechisch. Dagegen ist für die Bewohner der Wüste die mächtigste Erscheinung der unendliche Himmel. Seine Erhabenheit lenkt den Blick vom Irdischen aufs Überirdische, das man nicht verstehen kann, obwohl es alles Leben lenkt. Mit dem Monotheismus der Wüstenbewohner hat sich eine Intoleranz verbunden, welche die Geschichte des Judentums, des Christentums und des Islam schwer belastet hat. Dieses Buch möchte dazu beitragen, uns davon zu befreien.

DAS NEUE LEBEN IN DER FRÜHEN GRIECHISCHEN KUNST

Im zweiten Jahrtausend v.Chr. hatte die vorgriechische bronzezeitliche Kultur besonders auf der Insel Kreta das Göttliche in einem ekstatischen tänzerischen Empfinden der Einheit von Mensch und Natur verehrt[35]. Im scharfen Gegensatz dazu steht die Kunst der geometrischen Periode, die das erste Drittel der Geschichte der griechischen Kunst einnimmt, von etwa 1000–700 v.Chr. (Abb. 24). Die geometrischen Vasen ersetzen die Naturbilder der Bronzezeit durch Ornamente. Auch diese Ornamente meinen Natur, aber nun nicht dionysische Ekstase, sondern apollinische Klarheit in Urbildern und Grundrhythmen fließenden Lebens[36]. Darin äußert sich schon das Suchen nach einem geistigen Prinzip. So will griechisches Verstehen immer die Erscheinungen auf Prinzipien zurückführen und im Zusammenhang sehen. Die Menschen werden zunächst unbekleidet gebildet, die Frau durch ihre Brust, der Mann mit Helm und Waffe charakterisiert[37]. So wird vorweggenommen, was Platon später die Ideen, die Urbilder der Erscheinungen nennt. Diesem Suchen nach dem Wesentlichen entspricht es, daß Einfachheit des privaten Lebens ein Grundzug griechischer Art bleibt. Privaten Aufwand, wie er heute üblich ist, empfand man als gottlos; man bekämpfte ihn mit Luxusgesetzen. Reichtum gehörte den Heiligtümern, nicht dem Privathaus. Denn in den Heiligtümern wohnen die Götter; hier wird der Sinn des Lebens sichtbar wie in aller großen Kunst.

Ruft das Evangelium auf, aus dem Geist und nicht aus dem Fleisch zu leben, dann erfüllt der geometrische Stil in besonderer Reinheit das, was Gott dem Menschen als höchste Gabe verliehen hat, und was aller hohen Dichtung und Kunst eigen ist: in der Ge-

24 Totenklage und Wagenzug. Um 750 v.Chr. Von einem monumentalen geometrischen Mischkrug in Athen, Nationalmuseum.

25 Modell des Zeusheiligtums von Olympia. In der Mitte der Zeustempel, dahinter der der Hera, links davon der Rundbau der makedonischen Königsfamilie, rechts am Fuß des bewaldeten Kronoshügels das Quellheiligtum, die Reihe der Schatzhäuser und ein Teil des Stadions. Das Heiligtum wird rechts durch Hallen begrenzt. Außerhalb liegen links die Palästra und ein großes Gasthaus, im Vordergrund Rathäuser und eine der Feststraße zugewandte Halle. ▷

staltung von der Bedingtheit des Irdischen zu befreien und sich so der ursprünglichen Schöpfung zu nähern, was sich zuletzt freilich nur durch die Gnade erfüllen kann. In der geometrischen Periode beginnt, in der klassischen vollendet sich die Ausgestaltung der griechischen Heiligtümer mit Tempeln, Hallen, Schatzhäusern, Kult- und Weihebildern in Stein, Ton, Erz, Edelmetallen und Elfenbein (Abb. 25), eine religiöse Hingabe des Volkes, die man als bloß ästhetische Schöpfung völlig mißverstehen würde: sie ist existentielle Antwort auf die Erfahrung des Göttlichen, irdische Erscheinung des Olymp, denn die Götter können dort oder in Tempeln wohnen und wo sie wollen erscheinen. Die Götter sind unsterblich, aber nicht allmächtig, bedingt wie alle andern Kinder der Mutter Erde. Sie sind von Gefühlen und Leidenschaften bewegt wie die Menschen, denen sie aber an Macht und Schönheit, Verstand und Voraussicht in die Zukunft überlegen sind.

Bilder bestimmter mythischer Wesen gibt es seit etwa 750, seitdem Homer als erster individuelle Helden aus ihrer Leidenschaft begreifen lehrte, wie den Achill der Ilias aus seinem Zorn[38]. Seit etwa 750 v.Chr. werden auf manchen spätgeometrischen Vasen einzelne Gestalten so herausgehoben, daß man sieht: hier sind be-

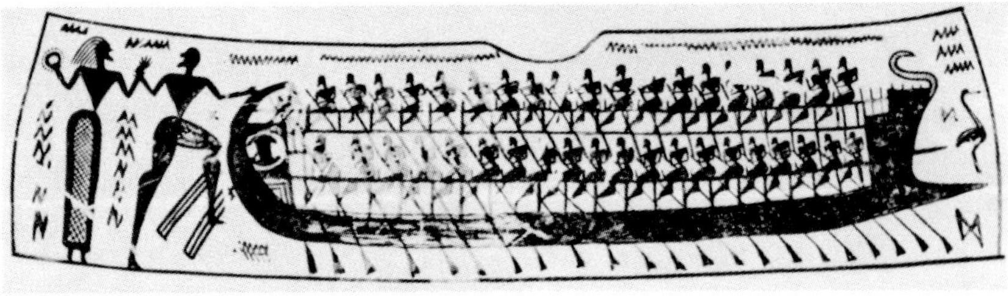

26 Entführung der Helena durch Paris. Um 730 v.Chr. Mischkrug London, British Museum.

stimmte Sagen gemeint, nicht mehr Grundsituationen und überpersönliche Urbilder des Lebens wie im älteren geometrischen Stil. So hat man auf dem Mischkrug in London Paris erkannt, der Helena entführt (Abb. 26): unter den Sagen von der Entführung einer Frau war diese als Ursprung des Krieges um Troia die bedeutendste.

Wie solche unverwechselbaren Heldenbilder durch Homers Konzeption des Heros angeregt sind, so hat damals Hesiod Zeus als Sieger über das ältere Göttergeschlecht der Titanen und über das Ungeheuer Typhon charakterisiert. Der Sinn dieses Kampfes ist der Sieg des Geistes über die Eigensucht der Naturmächte, die sich auch im Menschen regt. Ohne Kampf geht es auch im Evangelium nicht: der Herr bannt die bösen Geister, stillt den Sturm und vertreibt die Händler und die Wechsler aus dem Tempel. Aber wie weit sind diese Kämpfe von der altorientalischen Grausamkeit der Eroberung Kanaans durch Josua und die Richter! Wieviel näher ist auch hier das Evangelium griechischer Auffassung! Sie begegnete uns auch in der alexandrinischen Humanisierung des schauerlichen Untergangs der Ägypter im Roten Meer (Abb. 18).

Wenn man sich fragt, wie ein Künstler der geometrischen Epoche einen Gegner des Zeus darstellen konnte, findet man kein

27 Zeus bekämpft Typhon(?). Um 750 v.Chr. Bronzegruppe New York, Metropolitan Museum.

treffenderes Bild als das Mischwesen aus Pferd und Mensch, das später als Kentaur aufgefaßt wird, während seine Bedeutung in der geometrischen Periode noch nicht fixiert ist. Ernst Buschors Deutung einer Bronzegruppe in New York (Abb. 27) auf den Kampf von Zeus und Typhon wird in der Forschung kaum zitiert, obwohl allein schon der Respekt vor einem so großen Gelehrten einer solchen Vermutung Gewicht geben sollte.

Die Griechen stellen Kämpfe nicht aus Mordlust dar. Die Wildheit, die Homer am Kriegsgott Ares schildert, steht ihrem Herzen fern. Sie schildern die grauenvolle Wirklichkeit des Kampfes mit einem fast wissenschaftlichen Beobachten etwa der Verwundungen und der Todesursachen. Sie weichen dem Schrecklichen nicht aus, aber sie suchen es nicht auf, sondern suchen es tiefer zu verstehen. So erklärt Homer das Wüten Achills nach dem Tod seines Freundes Patroklos aus Achills innerer Erfahrung.

Das Edle siegt im Leben nicht ohne Kampf. Gewaltsame Veränderungen sind zuweilen unvermeidlich, wenn Formen des Lebens erstarren. So hat Goethe das Revolutionäre verstanden, obwohl er wahrlich kein Freund des Aufruhrs war. Und wenn schon Kampf sein muß, kann er geistig gestaltet werden. Solche Ritterlichkeit ist das Geheimnis der Giebelfiguren von Aigina in München, in deren Mitte Athena die Vision des Vollkommenen verkörpert, denn die Frau weiß von Sitte.

Im gewaltigen Giebel des Artemistempels von Korfu (Abb. 28) siegt in den seitlichen Gruppen das olympische Göttergeschlecht über das ältere der Titanen und überwindet damit eine alte erstarrte Welt. In der rechten Ecke schleudert Zeus seinen Blitz gegen einen riesigen nackten Titanen, der sich mit der Hand zu decken versucht: es ist ein ergreifender griechischer Zug, wie damit der Gegner unser Mitempfinden erweckt: auch als Gegner ist er ein „Nächster". Es ist der Anführer der Titanen, Iapetos, nicht ihr ehrwürdiger Vater Kronos, wie man früher glauben konnte. Denn Kronos ist in dem ruhig Thronenden in der linken Ecke des Giebels zu erkennen, der als Greis nicht mehr mitkämpft, obwohl

28 Rekonstruktion der Giebelkomposition des Artemistempels von Korfu, nach H. Schleif. In der Mitte Gorgo zwischen ihren Kindern Pegasos und Chrysaor, umrahmt von sprungbereiten Löwenpanthern, in den Ecken besiegte Titanen, davor rechts Zeus im Kampf mit ihrem Anführer Iapetos, links bedroht ein anderer Gott den Kronos.

er von einem Gott, den wir nicht benennen können, angegriffen wird. Die Titanen werden zwar ihrer Herrschaft beraubt, leben aber weiter in einem glücklichen Götterland, das durch die Mauer und den Baum hinter Kronos angedeutet wird, eine Vorwegnahme des Kommenden, wie sie sich oft in alter Kunst findet.

Das erschreckende Wesen in der Mitte des Giebels ist die Gorgo, in deren Gesicht menschliche Züge verzerrt sind. Sie verkörpert die Grenze menschlicher Existenz, das Unbegreifliche des Göttlichen, aber auch des Todes. Wenn Perseus ihr Haupt abschlägt, hat man wohl ursprünglich an Überwindung des Todes gedacht, aber noch als Maske wird sie alle versteinern, die sie erblicken. Nun ist es aber tief griechisch, daß dies Wesen nicht als Teufel der göttlichen Welt gegenübersteht, sondern daß der gewaltige Meergott Poseidon sie liebt. Von ihm sind die wunderbaren Wesen gezeugt, die Gorgo im Giebel begleiten, das Flügelpferd und der Held mit dem Goldschwert, Chrysaor. So ergründen die Griechen auch noch auf dem Grund des Entsetzlichsten göttliche Ordnung und hoffen auf neues Leben, das den Tod überwindet. Wir spüren, was ein solcher Mythos für das Unbewußte seelischen Lebens bedeuten kann. Der altorientalische Dualismus von Gut und Böse, Gott und Teufel ist der Bibel, abgesehen von einigen persischen Einflüssen, ebenso fremd wie den Griechen: dort gibt es nur Eine Schöpfung, hier nur Eine Stammmutter aller Wesen, die Erde.

Vom Korfu-Giebel wollen wir noch eine zweite Beobachtung festhalten: Er feiert die Göttin Artemis, die im Tempel verehrt wurde, als eine der großen Herrinnen des Lebens. Sie ist mehr als die Gorgo und gehört zu den Olympiern, den Siegern über die Titanen. Wie fern ist dieser erhabenen Gottesvorstellung die heitere Schilderung des Mädchens Artemis in den jüngeren Teilen der homerischen Gedichte! So groß wie im Giebel wird Artemis aber auch gesehen auf dem Gemälde einer mächtigen Amphora von der Insel Melos (Abb. 29). Artemis hält einen Hirsch, trägt Köcher und Bogen, denn sie lenkt alles Leben, draußen in freier Natur, aber auch drinnen im Haus: sie begleitet das Leben der Frauen von der Geburt bis zum Tod. Auf dem Gemälde begegnet ihr ihr Bruder Apollon, auf einem Wagen einherfahrend, seinen Gesang mit der Kithara begleitend. Ähnlich erscheint er im ersten

29 Apollon und zwei Göttinnen auf seinem Wagen begegnen seiner Schwester Artemis, die einen Hirsch am Geweih packt. Um 650 v.Chr. Amphora von der Insel Melos in Athen, Nationalmuseum. ▷

der Hymnen, die auf Homer zurückgeführt wurden. Sie stammen zwar von andern Dichtern, aber gerade jener erste ist Homers Stil noch nahe; er beginnt:

„Dein gedenk' ich, Apollon, du Fernetreffer, und werde
Nie vergessen, dein Lob zu verkünden. Im Hause Kronions
Fürchten die Götter dich alle, sie heben, wie du hereintrittst,
Von den Stühlen sich auf, den kommenden Sieger zu ehren . . ."

(Goethes Übersetzung)

Ebenso feierlich ist die gemeinsame Fahrt von Ares und Aphrodite auf einer Amphora der Insel Naxos (Abb. 30). Leider fehlt der Oberkörper des Ares, und das einzigartige Werk ist im zweiten Weltkrieg zugrundegegangen. Ares und Aphrodite wurden an manchen Orten als Paar verehrt, und ihre hoheitsvolle Auffassung auf diesem Gemälde ist weit entfernt von der Auffassung dieser Götter in den jüngeren Teilen der homerischen Gedichte. Ares ist hier nicht der verhaßte Gott der Kriegswut wie in der Ilias, sondern ein mächtiger Lenker, Vorbild ritterlichen Adels, wie wir ihn vom ersten berühmten lyrischen Dichter, von Archilochos kennen und wie er in Acharnai bei Athen noch in der hohen Klassik in einem der schönsten attischen Tempel verehrt wurde. Aphrodite in ihrem feierlichen Mantel ist noch groß gesehen als Herrin des beglückenden Zaubers blühender Natur, der dem einen zum Heil werden kann, dem eigensüchtigen Paris aber zum Verhängnis wird.

Es ist pietätvoll bewahrtes urzeitliches Erbe, daß in den verschiedenen Landschaften klar unterschiedene Götter besonders verehrt wurden: Hera in Argos und Samos, Artemis in Sparta und Ephesos, Athena in Athen, Aphrodite in Korinth, Zeus in Dodona und Olympia, Apollon in Delphi und Delos, um nur Beispiele zu nennen. An jedem Ort gab es einen solchen Hauptkult, dessen Gottheit für die Bewohner die wichtigste war, so daß die ethische Kraft des Kultus ihr Dasein bestimmte. So zeugt ein großer Teil

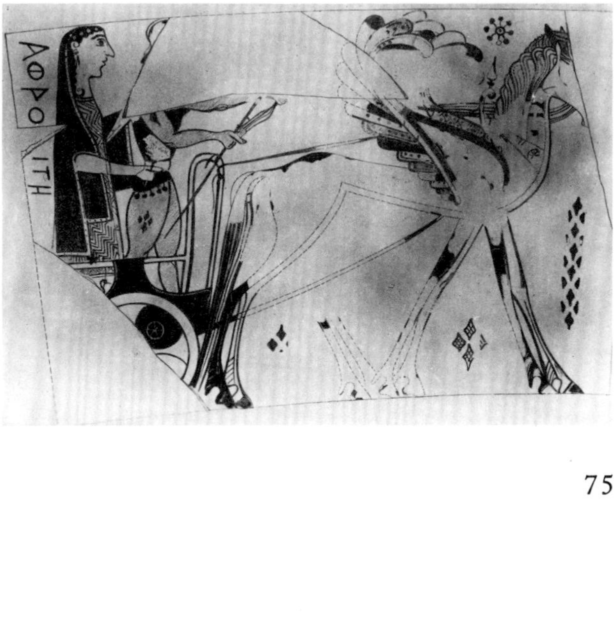

30 Aphrodite und Ares, einen Wagen lenkend. Vom Hals einer Amphora in Naxos, Archäol. Museum (Bemalung zerstört).

31 Opferzug einer Familie. Um 540 v.Chr. Gemälde auf Holz in Athen, Nationalmuseum.

der Kunst Athens von der Göttin Athena. Dieser Hauptkult kann in eine Spannung zu einem anderen treten: im Westgiebel des Parthenon ergreift mit Athena auch Poseidon Besitz vom attischen Land, aber der Vorrang Athenas ist unverkennbar (Abb. 36). Und der Anfang von Homers Ilias steht ganz im Zeichen Apollons, dem Troia gehört, während die andere Stadtgottheit, Athena, ihre Gunst den Griechen zuwendet.

Dabei ist bemerkenswert, daß die Hauptgottheiten so oft weiblich sind. Sie sind Erscheinungsformen der großen Herrin des Lebens, die mit den verschiedenen Namen angerufen wird. Dagegen sind die Hauptgottheiten von Kulten, die von vielen Orten oder allen Griechen besucht wurden, oft männlich: Zeus in Olympia,

Nemea und Dodona, Apollon in Delphi und Delos, Poseidon auf dem Isthmos, in Tenos und an der Mykale. In diesem Unterscheiden weiblicher Ortsgottheiten und männlicher Kulte, die vielen Orten gemeinsam sind, äußern sich Wandlungen im Verstehen der Welt, die für jeden Gott besonders geschildert werden müßten. Am deutlichsten ist uns das Ergebnis: die Vorstellung der Familie der olympischen Götter, in der jeder seinen Herrschaftsbereich hat, alle aber Zeus als ihrem König, Bruder oder Vater zugeordnet sind: Zwölf Götter, eine uralt-heilige Zahl, die z.B. auch in der Zahl der Taten des Herakles wiederkehrt. Homer setzt diese Götterfamilie voraus, also muß sie auf große theologische Dichtungen der Zeit nach der dorischen Wanderung zurückgehen, als die griechischen Stämme sich auf die Orte verteilt hatten, die dann ihre Heimat blieben. Es ist die Frühzeit des geometrischen Stils, dessen Charakter ein solches kühnes Ordnen der mythischen Vorstellungen durchaus entspricht. Für Ionien sind archaische Altäre der Zwölf Götter bezeugt, und nach ihrem Vorbild stiftete der jüngere Peisistratos einen solchen Zwölfgötteraltar 522 in Athen. Sein Ort ist bei den amerikanischen Ausgrabungen an zentraler Stelle auf dem Markt von Athen gefunden worden.

Wie sich Gottheit und Mensch im griechischen Kult begegnen, erzählt lange vor dem hellenistischen Relief (Abb. 19) ein korinthisches um 530 gefertigtes Gemälde (Abb. 31), eines der wenigen erhaltenen antiken Gemälde auf Holz, das im feuchten Grund einer Nymphengrotte beschützt blieb. Dem Altar naht als Vorderste eine Priesterin. Sie trägt auf dem Kopf einen flachen Korb mit Opfergerät, in der Rechten eine Kanne zur Spende. Alle Gewänder, die im Bild hell erscheinen, sind im Original blau, die Mäntel zum Teil rot. Das Nackte der Frauen ist wie der Bildgrund gelblich weiß, das der Knaben braun, das Fell des Lammes, das vom kleinsten der Knaben geführt wird, ist goldgelb. Ein größerer Knabe begleitet den Gesang mit der Leier, ein anderer mit der Schalmei. Den Knaben folgen zwei Frauen, welche die Linke anbetend erheben und in der Rechten Zweige und Binden halten.

Einen Zweig hält auch der würdige Vater, der den Zug beschließt. Die Inschrift nennt ihn und die Frauen als Stifter, ferner den Künstler und die Nymphen, denen die Weihung gilt, den guten Geistern der Natur. Man meint, Apollons Musik bei der stillen Begegnung zu vernehmen. Die Ehrfurcht vor den Kindern der Mutter Erde spricht aus diesem wie aus unzähligen anderen Weihgeschenken. Nur wenn die Mächte eigensüchtig sind, wie Typhon, müssen sie gebändigt werden (Abb. 27).

Am reinsten hat die griechische Frühzeit den göttlichen Grund des Kosmos in Apollon erfahren, wie hier ein früharchaisches Gemälde (Abb. 29) und eine spätarchaische Statue bezeugt haben (Abb. 2). Auf dem Basler Dinos (Abb. 21) erschien er dann nicht mehr in archaischem Sein, sondern in der neuen Gotteserfahrung der Klassik, mächtig durchs Leben wirkend. Dieser neuen Erfahrung wenden wir uns nun zu.

32 Apollon. Römische Marmorkopie nach einer Bronzestatue um 460/50 v.Chr. Kassel, Schloß Wilhelmshöhe. ▷

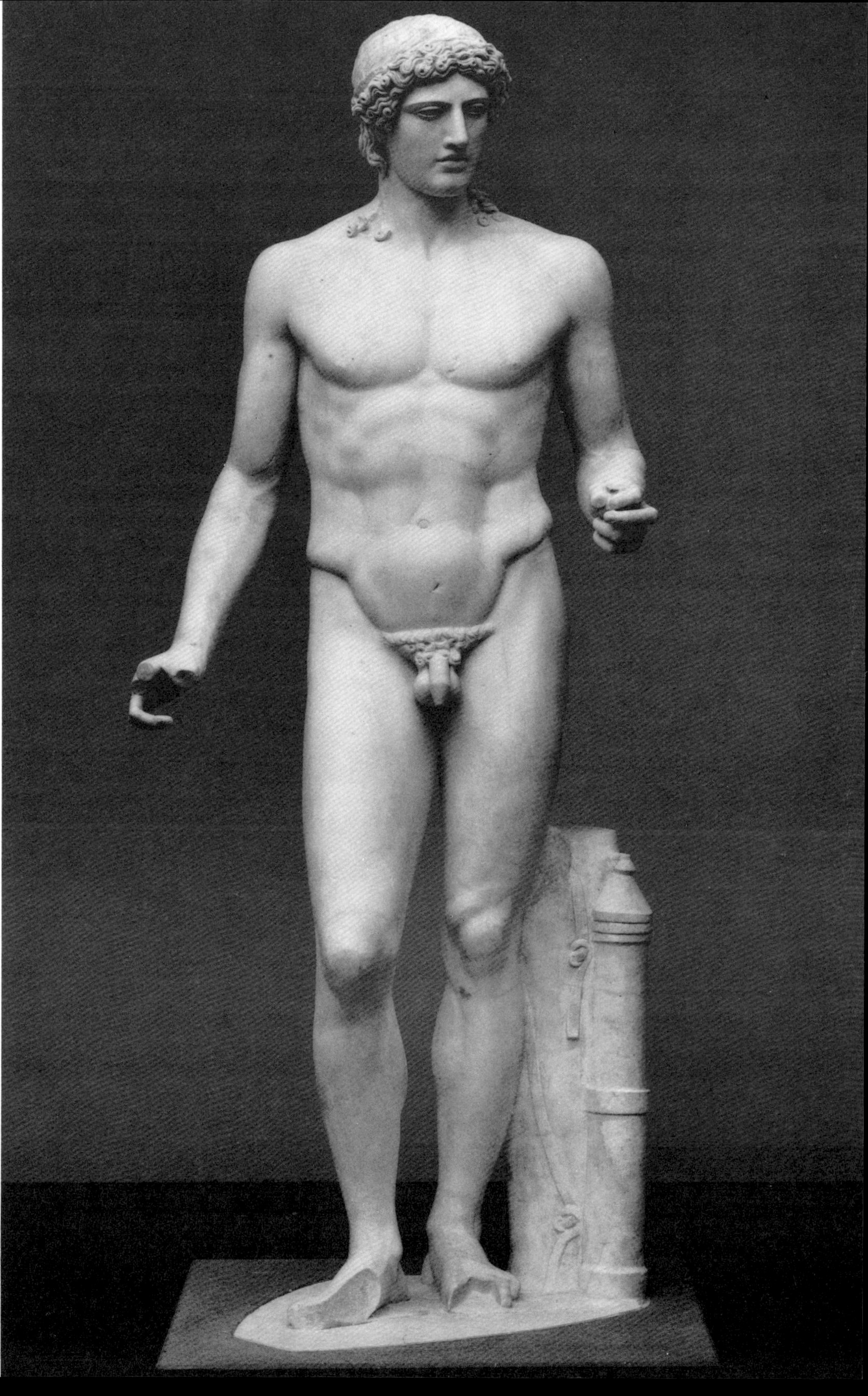

DIE ERFAHRUNG DER TRAGIK DER EXISTENZ IN DER KLASSIK

In einer Marmorstatue in Kassel (Abb. 32) und in anderen Kopien ist eine eherne Statue des Pheidias überliefert, die er um 460 v.Chr. für die Akropolis schuf: Pheidias scheint den Apoll vom Piräus gekannt zu haben (Abb. 2), denn seine Schöpfung ist jenem archaischen Werk tief verwandt. Der Ausdruck der Bedingtheit durch ein Höheres ist vertieft und mit einer überlegenen Freiheit verbunden, die alle geschilderten Züge aus einer neuen Mitte verstehen läßt. Hoch aufgerichtet, im Schreiten innehaltend, tritt der Gott vor den Betrachter. Der Körper ist kräftiger. Die Wendung des Kopfes zur Standbeinseite betont das Strenge. Das Antlitz ist unter der Pracht der Haare von einer Geistigkeit, die noch reiner in einer anderen römischen Kopie in Florenz bewahrt ist.

Weil Apollon als Inbegriff der Frömmigkeit erfahren wurde, gelten die meisten Bilder von Opfern seit etwa 450 v.Chr. Apollon, und es gehören deshalb auch die edelsten Bilder des Gottes in diese Zeit, so der gebietende Gott in der Mitte des Westgiebels von Olympia (Abb. 33). Sein Haupt läßt ahnen, wie erhaben das des Zeus im Ostgiebel gewesen sein muß, und damit nähern wir uns dem Verständnis eines Werkes, das eine außerordentliche Bedeutung in der Geschichte der griechischen Gottesauffassung be-

33 Apollon in der Mitte des Westgiebels des Zeustempels von Olympia. Um 460 v.Chr. ▷

34 Ostansicht des Zeustempels von Olympia. Um 460.

sitzt (Abb. 34). Zeus steht zwischen zwei heroischen Paaren und ihrem Gefolge. Zu diesem gehören zwei Seher, die erschrocken aufblicken. Denn sie allein haben bemerkt, wie ihm in der Erregung der Mantel von der linken Schulter geglitten ist, wie er zürnend in den Mantel greift und auf den frevelnden König blickt, der so selbstbewußt vor ihm steht und etwas ausgesprochen hat, das er bald mit dem Sturz vom Rennwagen büßen wird. Dieser Zeus steht nicht unter dem Schicksal wie die andern Götter, sondern über ihm. Ähnlich sieht ihn Aischylos im ersten Chorlied der Tragödie Agamemnon:

„Zeus! so ruf ich,
Wenn er es will,
Unbekannten,
Ungenannten Gott.
Leg ich alles auf die Waage,
Nichts wiegt schwer wie Zeus.
Er nur kann von Zweifels Last
Wahrhaft befreien . . .
Zeus führt uns der Weisheit Pfad:
Leid ist Lehre . . ." (Nach E. Buschor)

Das führt so nahe zur Offenbarung wie kein zweites Werk.

In anderer Weise hat Pheidias im Ostgiebel des Parthenon (Abb. 35) die Geburt Athenas als Aufleuchten kosmischen Sinns gedeutet, der in allem Leben verborgen ist, wie damals der Philosoph Anaxagoras lehrte[39]. Zwar ist die Szene in der Mitte des Giebels nur zu erschließen, aber ihre Wirkung geht durch die erhaltenen Seitenfiguren als ein großer rhythmisch gegliederter Strom des Lebens. Und im Westgiebel erscheinen Athena und Poseidon auf der Akropolis Athens, als seien sie vom Olymp herniedergefahren, so daß jener kosmische Sinn noch gewaltiger ins Leben eingreift (Abb. 36). Aber Pheidias bescheidet sich im Feiern der göttlichen Wunder des Lebens, er bricht nicht durch ins Transzendente wie Aischylos und der Meister des Ostgiebels von Olympia. Pheidias' Athena bleibt die Tochter des Zeus, wenn man sie auch sein anderes Ich nennen konnte. In ihr lebt und siegt sein Geist, alle edle Form ist ihr Werk. Sie wird von der Siegesgöttin begleitet; in beiden leuchtet der griechische Glaube, daß der Geist immer wieder das Tragische der Existenz überwinden wird.

35 Ostgiebel des Parthenon, Geburt der Athena. 438–432 v.Chr. Rekonstruktion nach E. Berger.

Der Fries des Parthenon bestätigt unsere Deutung von Pheidias' Auffassung, daß das Göttliche nicht von außen kommt, sondern das Vollkommenste der Schöpfung selbst ist (Abb. 37.38). Das feine Unterscheiden der Götter im Ostfries wirkt homerisch, aber es fehlt ganz das Burleske, das jüngere Dichter in ihre Fassungen von Ilias und Odyssee gebracht haben. Zeus allein thront, etwas größer als die andern (Abb. 37). Er muß sein Haupt neigen, um im Fries Platz zu haben, so wie Pheidias' Zeusbild im Tempel von Olympia den Raum zu sprengen schien. Hera entschleiert sich und wendet sich Zeus in bräutlichem Zauber zu, als sei es ihre erste Begegnung. Zeus blickt sie bewundernd an, und die Götterbotin Iris stellt durch ihr scharfes Spähen die Verbindung mit dem Zug der Menschen her. Vor Hera sitzt ihr Sohn Ares, jugendlich unruhig umschlingt er sein rechtes Knie mit den Händen. Dann folgt Demeter, die das Kinn mit der Rechten berührt, nie frei von der Sorge um ihre ferne Tochter Persephone. Sie bringt das Brot, ihr Nachbar Dionysos den Wein. Er blickt aus dem Bild, in der dämonischen Vorderansicht, die ihm schon in

36 Westgiebel des Parthenon, Athena und Poseidon ergreifen Besitz von der Akropolis. Rekonstruktion nach E. Berger.

alter Zeit eigen war, sitzt aber auf weichem Kissen und erhebt festfroh schwärmend die Linke, an seinen Bruder Hermes gelehnt. Hermes sitzt als Bote ganz vorn, mit seinem Reisehut im Schoß, Schuhen an den Füßen.

Unter den nach Norden gewandten Göttern hat Athene den Ehrenplatz, der dem des Zeus entspricht (Abb. 38). Obwohl sie nur durch die Lanze ausgezeichnet ist und ihre Aigis im Schoß liegt, wirkt sie ihrem Nachbar Hephaistos überlegen und verkörpert das weibliche Ahnen des Richtigen, von dem Eleonore in Goethes Tasso spricht.

Hephaistos humpelt nicht, sondern ist in seiner ganzen Würde als Gott der Künstler mit Athena verbunden, und die Göttinnen streiten nicht, sondern haben eine Hoheit, die von den Besuchern ihrer Heiligtümer durch die Jahrtausende erfahren wurde. Das Natürliche der Haltungen ist nicht ein Herabziehen, sondern ein Begreifen des Lebens aus seinem göttlichen Grund, Ehrfurcht vor dem Leben. Was diese Götter von den Menschen des Frieses unterscheidet, ist nicht so sehr ihre Größe als ihre Individualität.

Vor Athena und Hephaistos sitzen andere, in Athen besonders verehrte Götter, zuerst Poseidon und Apollon, der im strahlenden Glanz seiner Jugend zum Meergott umblickt, an dessen Strenge er teilnimmt. Seine Schwester Artemis neigt sich in blühender Anmut scheu erregt vor und Aphrodite zu, der Herrin der Kraft, die all diese schönen Wesen verbindet. Zum erstenmal wird sie als Mutter des Eros sichtbar, der an sie gelehnt den großen Blick auf den festlichen Zug richtet. Sie hat ihm ihren Schirm zum Halten gegeben, den sie unter den sommerlichen Strahlen braucht. In der Scheu des Knaben unter all den Großen birgt er die Rechte im Gewand der Mutter, drängt aber mit dem Oberkörper nach vorn mit dem stolzen Schauen, in dem alle Herrlichkeit des Zugs lebt, und das noch durch die weisende Gebärde der Mutter gesteigert wird.

Daß in diesen reinen Kunstgebilden echte Religiosität ist, ließe sich an unzähligen Bildern in allen Kunstgattungen zeigen[40]. So ist Hermes als Hermenpfeiler in Hof und Natur allgegenwärtig und als Geleiter der Toten in der Grabkunst. Gewaltig erscheint das Meer in Poseidon, bezaubernd in den Nereiden und Tritonen und geheimnisvoll in Nereus, dem Vater der Nereiden, der den Weg ins Götterland weiß. Was diese Wesen für das Meer sind, sind die Nymphen der Berge, Bäume und Gewässer, sind Mänaden und Satyrn, Dionysos und Demeter mit ihrer Tochter Persephone für das Land: Demeter und Persephone für das Wunder der stets sich erneuernden Fruchtbarkeit, Dionysos und die Seinen für die berauschende Erfüllung und für das jähe Vergehen allen Lebens und Pan für dessen erschreckende und geheimnisvolle Zeugungskraft. Nur wenn man erlebt hat, wie dieses mythische Vorstellen alles durchdringt, nähert man sich griechischem Erfahren des Göttlichen und zumal den Göttern des Pheidias.

Weil diese Olympier den Menschen so nahe sind, war der Boden bereitet für Kulte, in denen mehr als bisher das göttliche Helfen erfahren wurde. Das ist am reichsten für die Heilungen des Asklepios bezeugt, dessen Heiligtümer in den Jahrhunderten nach

37 Die zuschauenden Götter im Ostfries des Parthenon, von links nach rechts Hermes, Dionysos, Demeter, Ares, Iris, Hera und Zeus. Abguß in der Skulpturhalle, Basel.

38 Athena, Hephaistos, Poseidon, Apollon, Artemis, Aphrodite und Eros. Abguß in der Skulpturhalle, Basel.

Pheidias neuen Glanz erhielten und Unzähligen halfen, wie ausführliche Inschriften bezeugen (Abb. 39)[41]. Dies Heilende, Liebende und Helfende hat Hölderlin am „Einzigen" erfahren, den er „des Hauses Kleinod" nennt: Christus, „den letzten des Göttergeschlechts":

„. . . Denn zu sehr,
O Christus! häng ich an dir,
Wiewohl Herakles Bruder
Und kühn bekenn ich, du
Bist Bruder auch des Eviers, der
An den Wagen spannte
Die Tiger und hinab
Bis an den Indus
Gebietend freudigen Dienst
Den Weinberg stiftet' und
Den Grimm bezähmte der Völker."

So zeugen die Kulte vieler Völker von der Dankbarkeit, die aus der Ehrfurcht vor dem Leben entspringt, und von den Versuchen, sich zu den göttlichen Wundern des Lebens ins rechte Verhältnis zu setzen. Dies Bewundern der Wirklichkeit lehnt Hans Küng in einem vielgelesenen Buch ab, weil man damit nur ihre Herrlichkeit begreife, nicht aber ihre Not und Qual[42]. Da haben Hiob und die griechischen Tragiker tiefer gesehen: sie erkannten es als die Tragik der menschlichen Existenz, daß der Mensch sich in das Unbegreifliche von Not und Leid zu fügen hat. Ähnlich wie Hiob bescheidet sich Sophokles vor Tragik und Größe der Existenz. Hölderlin sagt von ihm:

„Viele versuchten umsonst, das Freudigste freudig zu sagen.
Hier spricht endlich es mir, hier in der Trauer sich aus."

In zweien der erhaltenen Tragödien läßt Sophokles etwas von der Gnade ahnen, die sich im Evangelium erfüllen wird. Herakles und

39 Eine Familie betet zu Asklepios, der eine gelagerte Kranke heilt, von seiner Gemahlin Hygieia begleitet. Um 400 v.Chr. Piräus, Museum.

Oidipus werden am Ende ihrer Leiden in ein unsterbliches Dasein entrückt. Die archaische Kunst hatte die Schöpfung gleichsam vor dem Sündenfall gesehen. Das Jahrhundert der Tragödie macht die Bedingtheit aller Wesen sichtbar, auch die der Götter. Es werden nun Fragen gestellt, auf die erst das Evangelium antwortet.

Die späte Klassik des vierten Jahrhunderts findet auf Pheidias' Wegen Urbilder der homerischen Götter und damit menschlicher Charaktere, die nun in eigener Raumsphäre erscheinen. Auf einer

40 Zeus berät mit der links unten sitzenden Themis. Links von ihm steht Hermes, rechts Athena, die Beschützerin der Griechen, schon von der Siegesgöttin bekränzt. Um 350 v.Chr. Leningrad, Ermitage. ▷

41 Knidische Aphrodite des Praxiteles. Rekonstruktion nach römischen Marmorkopien; ehemals München, Museum für Abgüsse. Um 350 v.Chr.

42 Zeus wirft Hephaist aus dem Olymp; neben Zeus Hera, rechts unten die gelagerte Meergöttin, links auf einem Burgfelsen Athena neben ihrem Ölbaum. Die Göttin links vom Ölbaum gehört zur nächsten, verlorenen Szene der Bilderzählung. Platte eines architektonischen Frieses aus Ostia in Berlin, Pergamonmuseum. Nach 150 n. Chr.

Pelike der Jahrhundertmitte (Abb. 40) ist ein Gemälde nachgebildet: Zeus berät mit Themis, der Göttin der rechten Ordnung, darüber, wie der Übervölkerung der Erde abzuhelfen sei. Er neigt voll Sorge das Haupt, denn das Schicksal scheint ihn zu zwingen, den Trojanischen Krieg zu beginnen. Auch im obersten Gott erscheint Bedingtheit neben der Größe der Existenz. So verstehen wir auch das berühmteste Werk der späten Klassik, die Aphrodite des Praxiteles, die in ihrem Tempel in Knidos stand (Abb. 41). Sie ist nur aus römischen Nachbildungen bekannt, aber gleichzeitige Vasenbilder lassen die ursprüngliche Anmut ahnen. Die Göttin hat eben ihr Gewand abgelegt, um zu baden. So groß die Macht ihrer unverhüllten Schönheit ist, muß sie doch wie ein Mensch umschauen, ob sie unbemerkt sei. Der Sinn dieses ersten Bildes der unbekleideten Göttin ist dem der geometrischen Bilder

43 Rechts gebiert Zeus Athena aus seinem Haupt. Eine erschrockene Helferin eilt nach links, wo eine thronende Göttin zusieht, wie die kleine Athena die ersten Schritte zu einer alten Amme macht, die nun die Kanne mit dem Badewasser gebrauchen wird. Ostia, Museum. Platte desselben Frieses wie Abb. 42.

vergleichbar: das Unwesentliche fällt weg, und wir blicken ins Geheimnis des Wunders vollkommener Gestalt. Dies Göttliche geht bei den meisten späteren Aktfiguren verloren.

Die spätklassischen Götter, die also gleichsam platonische Ideen geworden sind, wurden immer noch im Kult verehrt, und dieser Kult dauerte meist bis zum Sieg des Christentums an. Aber dem Empfinden und den Nöten der Menschen näher standen die Heilgötter wie Asklepios (Abb. 39), die Mysteriengötter, wie Demeter und dann seit dem Hellenismus vor allem Isis, die ägyptische Göttin, der die Verehrung einer griechischen Mysterienreligion zuteil wurde (Abb. 8.19). In Mysterienreligionen und in philosophischen Lehren wurden die archaischen Mythen vielfach allegorisch gedeutet. Aus solcher Zuwendung zum Archaischen ergab sich gelehrtes Sammeln der dichterischen Überlieferung, und die archaischen Epen wurden auch in Bildern neu erzählt. Ein heiteres Beispiel ist auf dem römischen Fries nachgestaltet, auf dem Hephaist von Zeus aus dem Olymp geworfen wird, wie in jüngeren Teilen der Ilias erzählt wird (1, 560 ff. 15, 23 ff.) (Abb. 42). Auf einem anderen Teil desselben Frieses gebiert Zeus Athena aus seinem Haupt, aber nicht als gewaffnete Göttin wie auf archaischen Bildern, sondern als kleines Mädchen, das gleich von einer Amme gepflegt wird (Abb. 43). Der Künstler des Bilderbuchs, das als Vorlage diente, greift also nicht auf Pheidias zurück, nicht auf die klassische Erscheinung der erwachsenen gewaffneten Göttin, sondern auf das archaische Motiv der Scheitelgeburt, deutet es aber mit echt hellenistischem Realismus neu. Solche Bilder mußten hier gezeigt werden, um den ganzen Abstand der burlesken Göttererzählungen von der ursprünglichen griechischen Religiosität deutlich zu machen. Das Vergnügen ungläubiger Zeiten an solchen Scherzen hat das Verstehen wahrer griechischer Frömmigkeit verdunkelt. Der Horror der frühen Christen vor dieser Abgötterei wirkt bis heute nach.

Das allegorische Deuten hat sich im Altar von Pergamon mit einer grandiosen neuen Gesamtschau aller kosmischen Mächte verbunden, die im großen Fries um den Sieg des Zeus kämpfen (Abb. 44). Die Lehre der stoischen Philosophie nahm ein Urprinzip an, das alles Leben mit unerbittlicher Notwendigkeit lenkt, und man erlebte dieses Urprinzip in Zeus, jedoch noch mehr als in seiner Gestalt im Himmel, der alles überwölkt. Deshalb wird Zeus hier nicht als Kultbild in einem Tempel verehrt, sondern unter freiem Himmel (Abb. 45), wie dies in Olympia noch in archaischer Zeit üblich war. Uralte bildlose Verehrung des Himmelsgottes erhielt so einen neuen Sinn. Der stoische Philosoph Kleanthes,

44 Zeusgruppe vom Ostfries des Zeusaltars von Pergamon. Nach 180 v.Chr. ▷ Berlin, Pergamonmuseum.

der aus Assos, also aus der Nachbarschaft von Pergamon stammte, feierte um 200 v.Chr. das Urprinzip des Seins unter dem Namen des Zeus in einem Hymnos, der biblischen Vorstellungen nahekommt. Er ruft Zeus an:

„Du, der Unsterblichen Höchster, du Vielbenamter, der ewig
Nach Gesetzen beherrscht die Natur, ihr mächtiger Führer . . .
Du, der du alles gibst, befreie die Menschen vom schweren
Unsinn, nimm die Wolken von ihren Seelen, o Vater,
Daß sie die Regel ergreifen, nach der du billig und sicher
Alles regierst . . .“

(Nach J.G. Herder)

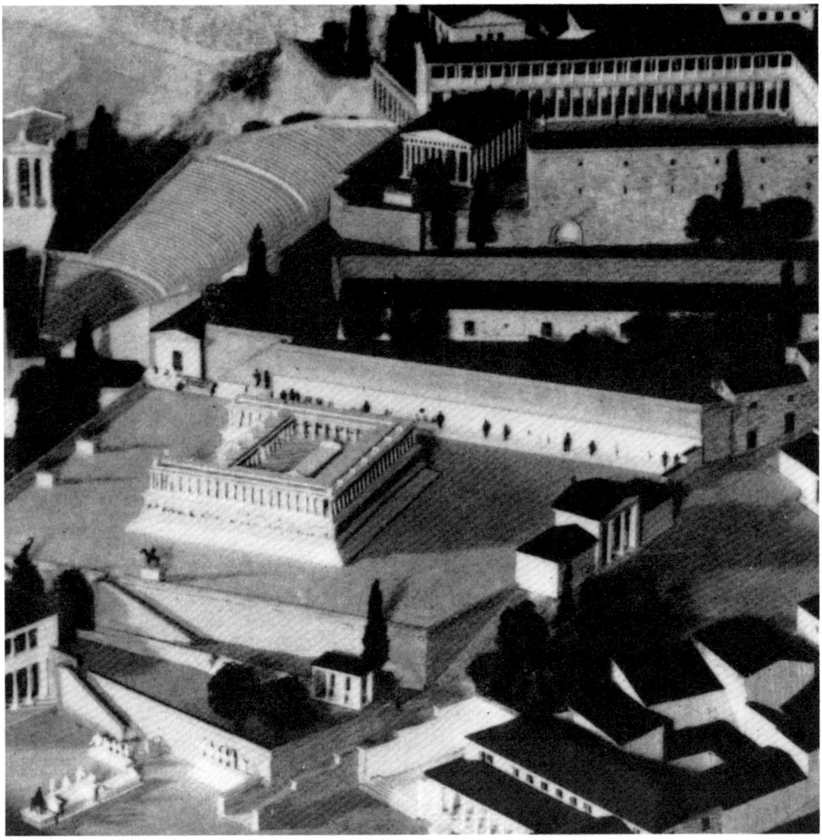

45 Modell des Zeusaltars von Pergamon und seiner Umgebung, im Zustand von etwa 150 v.Chr.

Wichtiger als das gelehrte Sammeln und als das allegorische Deuten des Hellenismus wurde für die Zukunft die Wende im Fragen der griechischen Philosophen, die mit Sokrates um 400 v.Chr. beginnt. Hatte man früher gefragt „Was ist?“ – also nach dem Wesen der Wirklichkeit, so frägt man nun „Was soll ich tun?“ und kommt damit dem Evangelium nahe, das man geradezu als Antwort auf diese Frage auffassen kann. Dabei sind entscheidend nicht einzelne Übereinstimmungen der Lehre, sondern daß der Grund allen Seins in der Gestalt Gottes sichtbar wird, an den sich das Vaterunser wendet; daß der Wille des Einzelnen dem göttlichen folge und sich in der Gestaltung des Lebens auf das Kommen des Reichs vorbereite. Jüdisches Erbe war die Führung durch den Herrn, griechisches die Bereitschaft, die Welt verstehend und bildend zu durchdringen, aber neu ist die Offenbarung, die tiefste Antwort auf die Frage „Was soll ich tun?". Die Antwort kommt aus dem Mund des Gottessohnes, der wirklich auf der Erde gelebt hat. Das unterscheidet das Evangelium von den Mysterienreligionen, die damals Erlösung versprachen und denen die Lehre vom Kreuz ein Skandalon, ein Ärgernis, war.

DAS NEUE LEBEN IM GRIECHISCHEN LICHT

Das neue Leben, zu dem diese Lehre aufruft, erscheint am deutlichsten im Bruch des Herrn mit aller bloßen Konvention, in der Ablehnung starrer Gesetzesfrömmigkeit, im unbedingten Gehorsam und in der Liebe, die alle Wesen umfaßt, auch die Unglücklichen und die Entrechteten. Bei der Bergpredigt erinnerten wir an die Unbedingtheit, die in griechischer Frömmigkeit seit der geometrischen Periode zu beobachten war und die in Platons Ideenlehre ihre reinste Form gefunden hat (Abb. 24). Im Apollon vom Piräus (Abb. 2) verband sich das Unbedingte des göttlichen Willens mit der Ehrfurcht vor dem Leben der natürlichen Religion, mit dem griechischen Verstehen, so daß wir in ihm wie in keinem anderen Bild das Neue Leben verkörpert sahen. Wenn es darum geht, daß die Schöpfung wieder in den Stand der Gnade tritt, sieht man erst den Sinn der edelsten Kräfte, die dem Menschen verliehen sind, der gestaltenden. Deshalb hat schon das antike Christentum das griechische Erbe in sich aufgenommen und in mannigfaltiger Weise neu gedeutet. Was der Christ vor den Griechen voraushat, sollte selbstverständlich sein, aber es ist nicht selbstverständlich, was er von ihnen zu lernen hat. Solcher Weltoffenheit hat sich die Theologie oft versagt. Man hat den echten Kern in der natürlichen und in der ethischen Religion verkannt, und diese Verarmung macht die kirchliche Lehre zuweilen unfruchtbar.

Öffnet sich die Lehre aber dem Reichtum der Wirklichkeit, dann gewinnt die Wendung ins Diesseits, die mit der Renaissance begonnen hat, einen neuen Sinn: Die irdischen Aufgaben treten nicht mehr in Gegensatz zum Evangelium, sondern werden durch dessen Botschaft zu Aufgaben des ganzen Menschen, nicht nur seiner profanen Existenz. Wenn die Predigt von den eigentlichen Werten des Lebens, den geistigen, zeugen würde, würde sie nicht mehr so fremd wirken wie oft heute, sondern an der Gestaltung mitwirken, die unsere vornehmste Aufgabe ist. Oft hat die Predigt etwas Apologetisches, als müßte die Lehre verteidigt werden, indem die heiligsten Worte als Heilmittel laut immer wiederholt werden. Man frägt sich dann: habt Ihr nicht nur Wörter gelernt, statt das *Wort* in Eure Sprache zu übersetzen; statt es mit der jedem von Euch gegebenen Veranlagung zu beantworten? Man wird bei jenen lauten Wörtern so oft an Sekten erinnert; an Menschen, die das Gelernte gleich weitergeben wollen, statt sich in der Stille vom Wort reifen zu lassen.

Etwas Ähnliches hat Nietzsche gemeint, wenn er sagte: Wenn ich euch Christen eure Erlösung glauben sollte, müßtet ihr erlöster aussehen. Man sollte sich allmählich bewußt werden, daß sich das Leben unaufhörlich wandelt, daß kein Mensch genau wie der andere ist und daß uns Gott damit die Aufgabe gestellt hat, diese sich unaufhörlich wandelnde Schöpfung unaufhörlich neu zu gestalten und damit auch jedem Leben seine eigene Form zu geben. Diese Gestaltungskraft nennen wir in ihren höchsten Erscheinungen Dichtung, Kunst; aber jeder Mensch hat an seinem Ort einen bescheidenen Anteil daran.

Freilich ist all dies Werk bloßes Menschenwerk und steht unter dem Gericht, und wir sind dankbar, daß uns dies in der Gegenwart in seiner ganzen Schärfe bewußt gemacht worden ist. Nun neigen aber viele dazu – um ein Bild zu gebrauchen –, die Erde sei nur noch gleichsam von der Sonne aus zu sehen, in ihrer ganzen Nichtigkeit. Der Herr hat uns aber auf die Erde gestellt, und seine Sonne läßt uns auf der Erde nicht nur ihre Gebrechen, sondern auch ihre Herrlichkeit sehen. Ja, uns ist die Botschaft geworden, daß wir, wenn wir einmal gelernt haben, die Erde in ihrer Bedingtheit von der Sonne zu sehen, das Licht auch auf der Erde als Gnade empfinden dürfen. Wir wissen, daß wir bei der Aufgabe, die Erde im Sinn des Schöpfers zu verwalten, von seinem Lichte leben.

Dies gibt uns aber keine Rechtfertigung, uns zu überheben und zu sagen, daß nur *wir* von seinem Lichte leben. Allen Menschen leuchtet es, auch wenn es ihnen nicht als Offenbarung bewußt geworden ist. Auch in die Heiden ist die Kraft des Gestaltens gelegt, und wir dürfen uns nicht verhehlen, daß Gott die Heiden die edelste Dichtung und Kunst hat schaffen lassen; ja, daß sich die größten Dichter und Künstler neuerer Zeit kaum je im Sinn der Kirche geäußert haben. Dies gibt uns kein Recht, sie zu verwerfen. Alle Menschen stehen unter demselben Gericht. Wir sollten uns viel eher fragen: Was sagt uns der Herr mit Homer und Aischylos, mit Goethe und Hölderlin? Ihre Gestalten und Werke gehören ebenso zur Schöpfung wie jedes Naturgebilde. Alle sind in seinem Licht geworden, auch wenn sie sich nicht bewußt geworden sind, was das Licht der Gnade ist.

In den neueren Jahrhunderten haben viele große Menschen die Wendungen der kirchlichen Sprache gerade deshalb vermieden, weil sie schematisch nachgeplappert und verbraucht waren. Denn sobald das *Wort* nicht das Innere gereift hat, sondern nur äußerlich bekannt wird, wirkt sein Gebrauch peinlich und schal. Der Prüfstein für dieses Reifen ist die Verwandlung der Sprache und der ganzen Haltung des Menschen. Ein reifender Mensch wird stiller, behutsamer, keuscher; er weiß wie der „Schwierige" Hofmannsthals von den unendlichen Mißverständnissen. Nur die Dichter und Künstler vermögen so auf die Schöpfung zu antworten, daß alle es vernehmen können; aber jedem einzelnen ist es gegeben, es ihnen in seiner Haltung gleich zu tun, in der Art wie er geht, wie er schreibt, wie er atmet, wie er arbeitet; jeder mechanische Handgriff kann eine Antwort auf das Licht sein, wenn er aus der rechten Gesinnung getan wird. Weil alle Kunst Menschenwerk ist, gibt es im strengen Sinn des Wortes keine christliche, keine heilige Kunst, auch wenn die Themen christlich sind. Aber diese Einsicht darf uns nicht die Augen dafür verschließen, daß alle echte und große Kunst religiös ist, daß sie versucht, auf das Wunder und Geheimnis der Schöpfung und auf ihre unendliche Fülle zu antworten.

Alle Versuche sind gescheitert, einen Gottesstaat zu schaffen, das göttliche Licht gleichsam zum Baustoff irdischer Gehäuse zu machen; wenn diese Versuche auch zu so wunderbaren Erfindungen geführt haben wie zum Goldgrund der spätantik frühchristlichen Kunst. Aber auch dieser Goldgrund ist nicht nur Licht, sondern irdischer Stoff. Nein, wir haben unser Leben auf der Welt aus irdischen Stoffen zu bauen. Aber je mehr wir bei diesem Bauen spüren lassen, daß wir die Schönheit der Schöpfung im Licht leuchten sehen, desto mehr zeugen wir von ihm; nicht mit Wörtern, sondern mit dem, was das Wort in uns gereift hat.

Mit dem stillen Liebeswerk der Schwestern und Pfarrer hat die Kirche mehr vom Wort gezeugt als mit allen lauten Wörtern, zumal in den Zeiten der furchtbaren äußeren Zusammenbrüche. Diese äußeren Katastrophen waren nur die schlimmste Erscheinungsform der inneren, die sich in der Veränderung der äußeren Welt seit zwei Jahrhunderten zeigen. Wenn der Mensch das Antlitz der Schöpfung wie noch nie geschändet hat mit Wohn- und Nutzbauten von unerhörter Häßlichkeit; wenn er von Erfindung zu Erfindung rast und nach dem äußeren Glück statt nach dem Heil fragt, so ist dies ein Abfall von Gott, der ohnegleichen ist. Man hat kaum mehr eine Ahnung von dem religiösen Ernst, der in früheren Jahrhunderten Tempel und Kathedralen bauen ließ und sich im Privaten mit dem Nötigen beschied.

Seit zwei Jahrhunderten fragen die allermeisten Menschen nur noch nach der zweckmäßigen und bequemen Einrichtung des Lebens, nicht nach der tieferen Aufgabe der Gestaltung. Kunst und Religion sind nur noch Kostüme, die bei sehr vielen ein ganz anderes, völlig unreligiöses und unkünstlerisches Wesen verhüllen. Das hat den hohlen Prunk der bürgerlichen Kultur der letzten Jahrhunderte so unerträglich gemacht und in der Theologie zu einer neuen Besinnung auf das Unbedingte geführt; in der Baukunst zum Funktionalismus, zur Kunst ohne Ornament. Aber bei dieser Reaktion hat das Intellektuelle überwogen, ist der Sinn für die Aufgabe des Gestaltens noch nicht wieder erwacht. Nur die Dichter und wenige Künstler haben diesen Sinn bewahrt, aber sie sind vereinsamt. Kaum in der Schule werden Verse gelesen oder gar gelernt, und das Theater paßt sich dem Geschmack des Kinos an. Die Dichter werden vergessen; wem sind Hölderlin, Mörike mehr als Namen; wer liest noch Verse von Lenau oder Hebbel? Statt dessen werden immer neue Prosaschreiber auf einem eifrigen Büchermarkt gehandelt. Und die verschiedenen theologischen und literarischen Richtungen bekämpfen sich, statt sich gegen den gemeinsamen Feind, jenes äußere Glücksideal der Zweckmäßigkeit und Bequemlichkeit zu wenden. Man wird an die jüdischen Sekten in Jerusalem erinnert, die sich während der römischen Belagerung jahrelang gegenseitig zerfleischten, um dann alle Titus' Opfer zu werden.

Von der schärfsten Frage, welche die Gegenwart an uns stellt, hört man von der Kanzel zu selten, von der nach dem religiösen Grund der heutigen Krise. Man nimmt die Zerstörung der Schöpfung, das formlose Wuchern der Siedlungen, die Überbevölkerung, die Verflachung der Bildung, die geistige Not der Massen, die Entseelung der Arbeit als unvermeidliche Übel hin, ohne an das Schicksal des Turms zu Babel zu denken. Man frägt nicht, warum wir es in den häßlichen Kirchen aushalten, die uns die letzten Generationen hinterlassen haben; warum sich die sogenannte christliche Kunst dieser Zeit durch keine Spur von Gnade vor der profanen auszeichnet. Wohl wird manchmal auf die Technik gescholten; aber die Technik selbst ist nur ein Werkzeug. Daß die technischen Möglichkeiten eine so luziferische Kraft der Verführung haben; daß jeder die neuesten Vehikel gebrauchen möchte, auch wenn er sie nicht nötig hat; daß eine beispiellose Unruhe das Heil und alle Werte des Lebens vergessen macht, ist nicht die Schuld der Technik, sondern unsere Schuld. Das alte Christentum gründete Orden gegen die äußeren und inneren Verführungen; das heutige ist wie eine Mutter, die sich auf das Abendgebet mit ihren Kindern beschränkt und sie sonst allen Reizungen des Alltages preisgibt, statt sie zu den inneren Werten zu lenken.

Seit zwei Jahrhunderten verkleidet sich die Vergötzung der materiellen Werte so geschickt ins Gewand des Fortschritts, daß selbst die Kirchen diesen ungeheuerlichen Abfall von Gott zu Götzen kaum bemerkt haben. Man betont die materiellen sozialen Aufgaben, ohne die tiefere geistige Not zu sehen. Man wiederholt ehrwürdige alte Worte, statt bei den Sehern unter den Dichtern die Sprache zu lernen, die auf diese Not antwortet. Im Gestalten, vor allem im sprachlichen, verantwortet sich der Mensch vor der Überlieferung. Damit behält die Tradition ihre Würde und wird doch zu neuem Besitz. Darauf beruht die bildende Wirkung des großen geschichtlichen Erbes.

Nicht äußere Einflüsse sind das Wichtige an dem, was das Evangelium mit der griechischen Kultur verbindet, sondern tiefere Entsprechungen im Ringen um ein neues Leben aus dem Geist. Dabei sei das Unterscheidende nie vergessen: die tragische Lebensauffassung der Griechen, die auch den Helden dem Tod verfallen weiß, kennt nicht die Erlösung, die von der Offenbarung verheißen wird. Die Griechen wissen von keinem Gott, der die Welt geschaffen hat und auf den der Gläubige vertraut. Aber wichtiger als das Unterscheidende ist das Verbindende, das hier geschildert wurde und das helfen kann im Neuen Leben, zu dem das Evangelium beruft.

Wer mit den Werken lebt, die hier betrachtet wurden, wer die natürliche und die ethische Wirklichkeit, die Werte des Lebens in Natur und Geist ernst nimmt, für den ist der Götze des Fortschritts keine Gefahr mehr. Das Gebot, Du sollst keine anderen Götter neben mir haben, gilt nicht geschichtlichen Gestalten wie den alten Göttern und Heroen, sondern den Götzen, die die Menschen verführen und den Blick auf Gott verstellen, dem privaten Luxus und der Eitelkeit, die in Wissenschaft und Kunst nicht mehr Gott sucht, sondern das Ich, die die künstlerischen Kräfte ästhetisierend verschwendet, statt sie gegen die Zerstörung der Schöpfung zu Hilfe zu rufen.

Der Weg der archaischen und der klassischen griechischen Kunst führt zu einem neuen Verstehen des Evangeliums, zur Gestaltung des Lebens aus dem Willen Gottes, aus dem Geist, nicht aus dem Fleisch. Wer dieses Gebot hört, wird nur darauf sinnen, daß etwas vom Reich des Geistes sichtbar werde, dem Reich des Herrn.

ANMERKUNGEN

Herrn Professor Dr. Dr. h.c. Jan Miliç Lochman, unserem Basler Ordinarius für Systematische Theologie, möchte ich auch an dieser Stelle dafür danken, wie er mich nach dem Lesen dieses Textes zur Veröffentlichung ermutigt hat.

1 P. Tillich, Die neue Wirklichkeit (1962) 8. Zum Zusammenhang unserer Fragestellung: G. van der Leeuw, Phänomenologie der Religion ([2] 1956). W. Heitler, Die Natur und das Göttliche (1974). Jeder, der den im folgenden behandelten Problemen weiter nachgehen möchte, sollte dieses bedeutende Buch heranziehen, das ihn auch über andere moderne naturphilosophische Forschungen orientiert.

2 Goethes Religion wurde am tiefsten gedeutet von E. Beutler, Einführung zur Artemisausgabe Band 10 = Essays um Goethe ([5] 1957) 693 ff. Wichtig auch E. Trunz in der Hamburger Goetheausgabe Band 8, 606 f. Hölderlin: K. Schefold, „Und treppenweise steiget . . .“ in Festschrift F. Brommer (1977) 255 ff.

3 Anaxagoras fr. 21a Diels. H. Diller, Opsis adelon ta phainomena, Hermes 67, 1932, 14 ff. J. Liegle, Der Zeus des Phidias (1952) 232 ff. K. Schefold, Vom Sichtbaren und vom Unsichtbaren in der griechischen Kunst, Archäologischer Anzeiger 76, 1961, 231 f. Aischylos und Jesaja vergleicht W. Strolz, Zeus-Frömmigkeit und Jahwe-Glaube, Neue Züricher Zeitung 1981, Nr. 259, 66. Vgl. W. Hommel, Schöpfer und Erhalter (1956) 7 f.

4 F. Blanke, Unsere Verantwortlichkeit gegenüber der Schöpfung, in „Der Auftrag der Kirche in der modernen Welt“, Festgabe für Emil Brunner (1959). Vgl. zuletzt W. Heitler, Ehrfurcht vor dem Leben, Vortrag im Albert Schweitzer Symposium 1978. Jörg Zink, Kostbare Erde (1981).

5 T. Holtz, Jesus von Nazareth (1981) 70. 87.

6 R. Pfeiffer, The Image of the Delian Apollo and Apolline Ethics, Journal of the Warburg and Courtold Institutes 15, 1952, 20 ff. E.R. Dodds, The Greeks and the Irrational (1951, [4]1964).

7 Dazu zuletzt J.M. Lochman, Wahrheitseifer und Toleranz, Rektoratsrede Basel 1981.

8 J. Leipoldt und W. Grundmann, Umwelt des Urchristentums 1–3 (1965), im folgenden abgekürzt Umwelt. Vom grundlegenden Buch von A. von Harnack, Die Mission und Ausbreitung des Christentums in den ersten drei Jahrhunderten gibt es einen Neudruck 1965. Vgl. auch R. Bultmann, Das Urchristentum (^{4} 1976). C.H. Dodd, The Founder of Christianity (London 1971). L. Scheffczyk, Tendenzen und Brennpunkte der neueren Problematik um die Hellenisierung des Christentums, Sitzungsberichte der Bayerischen Akademie, Philos.-Hist. Klasse 1982, 3. G. Rüstow, Römischer Götterhimmel und frühes Christentum. Bilder zur Frühzeit der Kölner Religions- und Kirchengeschichte (1980).

9 Für das Folgende war mir wichtig Hommel a.O. (oben Anm. 3), ferner R. Bultmanns Neuausgabe von A. von Harnack, Das Wesen des Christentums (1950) und die von W. Trillhaas (1977). E. Hamilton, Witness to the Truth, Christ and his Interpreters (1948. 1957. 1962). Nach O. Gigon, Die antike Kultur und das Christentum (1965) tritt die nachapostolische christliche Literatur mit erstaunlicher Qualität neben die gleichzeitige heidnische, weil man den Trägern der antiken Kultur ebenbürtig gegegenüberstehen wollte. Die Griechen hatten scharf genug die Grenzen des menschlichen Erkenntnisvermögens gesehen. Nun antwortete die Offenbarung auf ihr Fragen. Man konnte das ganze Erbe der antiken Ethik einbeziehen, weil der Christ ja in der Welt das Seine tun muß, um der Sündenvergebung wert zu sein. Gigon betont, was zu wenig gesehen wird, daß das Imperium, die „Römerzeit" 168/7 v.Chr. mit dem Sieg über die Makedonen beginnt (unten Anm. 33 S. 132).

10 Zusammengestellt in J. Zinks Auswahl aus dem Alten Testament (1966) 542 ff.

11 Zu Vergils 4. Ekloge, die Paulus vielleicht bekannt war, Hommel a.O. (oben Anm. 3) 19 f. Zur Heilserwartung in der späten Republik habe ich in „Wort und Bild" (1975) zu 105 ff. Anm. 526 und 742 wichtige Arbeiten A. Alföldis verzeichnet; hier sei hervorgehoben: Ein Blick auf die Einbürgerung des Isiskultes in Rom, Jb. für Antike und Christentum 8/9, 1965/6, 60 ff. und Die Geburt der kaiserlichen Bildsymbolik, in „Der Vater des Vaterlandes" (1971).

12 Nachweise hierzu und zum Folgenden K. Schefold, Der Zweite Stil als Zeugnis alexandrinischer Architektur, in B. Andreae und H. Kyrieleis, Neue Forschungen in Pompeji (1975) 53 ff.

13 S. Morenz, Ägyptische Religion (1960) 150 ff. 270 ff. In der feinen Analyse von F. Solmsen, Isis among the Greeks and Romans (1979) ist dieses Problem zu wenig berücksichtigt, auch die monumentale Überlieferung; zu dieser K. Schefold, Gnomon 51, 1979, 171–176. Ders., Some Aspects

of the Gospels in the Light of Greek Iconography (Symposion Madison 1981, im Druck).

14 Plotinsarkophag: G. Rodenwaldt, Jb. d. Instituts 51, 1936, 103 Taf. 6. H. Kaehler bei E. Simon, Jb. d. Instituts 85, 1970, 289 f. Abb. 14 f.

15 K. Schauenburg, in Opus Nobile, Festschrift U. Jantzen (1969) 135 f. M. Schmidt, A.D. Trendall und A. Cambitoglu, Eine Gruppe apulischer Grabvasen in Basel (1976) 20 ff. Zum Problem des Ursprungs des Transzendierens in der römischen Philosophie G. Hansen, in Umwelt 364 ff.

16 K. Schefold, Wort und Bild (1975) 95 ff.

17 Hommel a.O. (oben Anm. 3). Grauenhaft die von Josephus, Ant. 13, 14, 2 berichtete Rache des Alexander Jannai, vgl. Umwelt 155. Y. Korshak, Suffering in Western Art, Journal of Dharma 2, 1977, 318–338.

18 K. Schefold, La peinture pompéienne (1972) 199 f. Th. Kraus, Propyläenk. 2 Abb. 244.

19 Doura: C. Kraeling, Final Report 8,1. The Synagogue (1956). A. Kurfess, Sibyllinische Weissagungen (1951). Hommel a.O. 19 f. Dazu Umwelt 314 ff. Zu den Bilderzyklen: K. Weitzmann, Cyclic Illustrations in Byzantine Manuscripts (1975). K. Schefold, Die Antwort der griechischen Kunst auf die Siege Alexanders des Großen. Sitzungsberichte der Bayer. Akademie 1979, 4, Anm. 23. 29. J.G. Deckers, Der altchristliche Bilderzyklus von Santa Maria Maggiore in Rom (Diss. Bonn 1979). B. Brenk, Die frühchristlichen Mosaiken in Santa Maria Maggiore in Rom (1975). G. Jeremias, Die Holztür von Santa Sabina in Rom (1980) und dazu W. Wischmeyer, Gymnasium 1981, 475 f. Zum Folgenden zuletzt C. Vermeule, Jewish Relations with the Art of Ancient Greece and Rome, Art of Antiquity 4, 2 (1981).

20 Sitzungsberichte a.O. 11.

21 Sitzungsberichte a.O. 8 ff. Taf. 2,2. 3,2. B. Andreae, Das Alexandermosaik (1977).

22 E. Bethe, Die griechische Dichtung (1929) 374. Vgl. auch Gigon a.O. (oben Anm. 9).

23 Holtz a.O. (oben Anm. 5) 100 und zum Folgenden 41. 67. 125. 90.

24 J.B. Bauer, Askese und Weltflucht, Wort und Wahrheit 5, 1972, 403 ff. Bacchische Mysterien und Jenseitshoffnungen: W. Burkert, Griechische Religion (1977) 432 ff.

25 K. Schefold, Die Göttersage in der klassischen und hellenistischen Kunst (1981) Abb. 9. 20 ff.

26 a.O. 68 ff. Vgl. besonders J. Leipoldt, Die Frau in der antiken Welt und im Urchristentum, [3]1965. P. Von der Mühll, Über das naturgemäße Leben der alten Athener, Basler Universitätsreden 14, 1943 = Kleine Schriften (1976), 517–519.

27 Hommel a.O. (oben Anm. 3) 47 ff.

28 Hommel a.O. 25 ff.

29 wie Tillich a.O. (oben Anm. 1) 120.

30 Flav. Jos. Isocr. 4 (Paneg.) 46 und C. Ap. 2, 188 f. Ich verdanke den Hinweis Chr. Schäublin, Josephus und die Griechen, Hermes 110, 1982, 331.

31 Das hat Markus Barth, mit dem ich diese Studie besprechen durfte, besonders betont; sei ihm auch an dieser Stelle gedankt! Über den Unterschied griechischer und christlicher Gottesverehrung jetzt F.W. Deichmann, Rom, Ravenna, Konstantinopel und Naher Osten (1982) 27.

32 P. Von der Mühll, Die Dichter der Odyssee (1940) = Kleine Schriften (1976) 122 ff. Ders., Hypomnema (1952) 305. K. Schefold, Wort und Bild (1975) 43 ff.

33 O. Gigon, Die Kultur der Griechen (1969) 46 ff.

34 W. Burkert, Griechische Religion (1977) 456 ff.

35 a.O. 48 ff.

36 Propyläenkunstgeschichte 1 (1967) Abb. 2. 164.

37 a.O. Abb. 166 f. 3. 6.

38 K. Schefold, Frühgriechische Sagenbilder (1964) 19 ff.

39 Vgl. oben Anm. 3.

40 E. Simon, Die Götter der Griechen (1969). H. Walter, Griechische Götter (1971). Das Hereinwirken des Göttlichen in die Welt darzustellen, gehört zum Ursprung der Klassik; vgl. Schefold, Göttersage, besonders 328 ff.

41 R. Herzog, Die Wunderheilungen von Epidauros (1931). Burkert a.O. 327 f.

42 H. Küng, Christ Sein (1978) 267. Zum Problem der Theodizee oben Anm. 3 (W. Strolz) und zuletzt H.G. Beck, Die Byzantiner und ihr Jenseits, Sitzungsberichte der Bayer. Akademie 1979, 6, 8 f.

ABBILDUNGSVERZEICHNIS

1 Mädchen nimmt Weihrauchkörner oder Schmuck aus einer Pyxis. Um 460 v.Chr. Grabrelief eines Meisters der Insel Paros. Berlin, Pergamonmuseum K 19. C. Blümel, Die klassischen griechischen Skulpturen (1966) 12 f. Abb. 2. W. Fuchs, Die Skulptur der Griechen (1969) Abb. 562. A. Kostoglou-Despoine, Problemata tes parianes plastikes (1979) pass. Foto: Staatl. Museen Berlin (Ost).

2 Bronzestatue des Apollon. Um 520 v.Chr. Athen, Nationalmuseum. J. Papadimitriou, Ergon 1959, 163. Literatur: K. Schefold, AntK 14, 1971, 37,1. Fotos: OMD, Hamburg.

3 Achill spendet. Nach 500 v.Chr. Amphora panathenäischer Form des Kleophradesmalers. Basel, Antikenmuseum, Nr. 120,2; Führer S. 86. Beazley ARV^2 183,8. K. Schefold, Klassisches Griechenland (1965) 37 ff. Foto: Antikenmuseum Basel, Claire Niggli.

4 Sterbende Tochter der Niobe. Um 440 v.Chr. Rom, Thermenmuseum 72274. Schefold, Göttersage a.O. (oben Anm. 25) 368 f. mit Literatur (zu Abb. 214–218). Foto: Hirmer Fotoarchiv, München.

5.6 Eherne Statuen griechischer Heroen. Um 450 v.Chr. Reggio (Kalabrien). W. Fuchs, Zu den Großbronzen von Riace, Boreas 4, 1981, 25 ff. Taf. 1. Ders. in Praestant Interna, Festschrift U. Hausmann (1982) 34 ff. Fotos: OMD, Hamburg.

7–9 Von der Wanddekoration des Schlafzimmers von Boscoreale in New York. 7 Gesamtaufnahme. 8 Heiligtum der Artemis-Isis. 9 Stadtansicht. Um 40 v.Chr. Ph.W. Lehmann, Roman Wall Paintings from Boscoreale (1953) 189 ff. Fotos: a.O.

10 Die Mondgöttin besucht den schlafenden Endymion. Um 160 n.Chr. Sarkophag in Mantua. C. Robert, Die antiken Sarkophagreliefs III 16,62.

Vgl. Schefold, Göttersage a.O. (oben Anm. 25) 296. Foto: Deutsches Archäologisches Institut, Rom.

11 Die sterbende Alkestis. Um 350 v.Chr. Von einer apulischen Lutrophoros in Basel. M. Schmidt, A.D. Trendall und A. Cambitoglou, Eine Gruppe apulischer Grabvasen in Basel (1975) Taf. 20 f. A. Herrmann, Two Hellenistic Groups, AntK 18, 1975, 89 ff. Foto: Antikenmuseum Basel, Claire Niggli.

12 Bronzestatuette des Veiovis. Um 50 n.Chr. Viterbo. Propyläenkunstgeschichte 2 (1967) Abb. 260. Foto: Deutsches Archäologisches Institut, Rom.

13a.b Ein Skythe schleift das Messer zum Schinden des Marsyas. Römische Kopien nach einer um 250 v.Chr. geschaffenen ehernen Gruppe. Florenz und Istanbul. Literatur: Schefold, Göttersage a.O. 369 Abb. 235/6. Fotos: Hirmer Fotoarchiv, München.

14 Kopf eines Sterbenden vom Schlachtsarkophag Ludovisi in Rom, Thermenmuseum. Um 250 n.Chr. Photo nach G. Rodenwaldt, Die Kunst der Antike (1927, ^{4}1944) Taf. 665. Propyläenk. a.O. 2 Abb. 244. Foto: Deutsches Archäologisches Institut, Rom.

15 Krates und Hipparcheia. Römisches Wandbild, nach frühhellenistischem Gemälde. Rom, Thermenmuseum. K. Schefold, Die Bildnisse der antiken Dichter, Redner und Denker (1943) 162,3. G.M.A. Richter, The Portraits of the Greeks (1965) Abb. 1079. Foto: Alinari, Rom.

16 Christus als Lehrer. Um 350 n.Chr. W.F. Volbach, Frühchristliche Kunst (1958) Abb. 36. Schefold, Bildnisse a.O. 186. Foto: Hirmer Fotoarchiv, München.

17 Oben: Pharaos Tochter und der Mosesknabe. Unten: Disputation des jungen Moses mit den Weisen. Um 440 n.Chr. Mosaik in Santa Maria Maggiore in Rom nach einem Vorbild um 250 v.Chr. J. Wilpert, Die römischen Mosaiken und Malereien der kirchlichen Bauten Roms (1916) Taf. 16. B. Brenk, Die frühchristlichen Mosaiken in Santa Maria Maggiore zu Rom (1975) 79 f. Zuletzt Schefold, Die Antwort der griechischen Kunst auf die Siege Alexanders des Großen, Sitzungsberichte München 1979, Heft 4, 11 ff. Foto: Theo Schafgans, Bonn.

18 Die Israeliten erleben den Untergang der Ägypter im Roten Meer. Vom gleichen Zyklus wie Abb. 18. Wilpert a.O. Taf. 18. Brenk a.O. Bild 3. Foto: Theo Schafgans, Bonn.

19 Opferzug einer Familie zu einem Götterpaar, das in einer Variante als Isis und Serapis charakterisiert ist. Wohl spätes 3. Jh. v.Chr. Propyläenk. 1 124.129.146 Abb. 122. Fuchs, Skulptur a.O. (oben zu Abb. 1) Abb. 629. Isis und Serapis auf der Variante Römische Mitteilungen 54, 1939, 42 Taf. 11. Vgl. Robertson a.O. 717,45. 723,110. Foto: Hartwig Koppermann, München.

20–23 Götterzug. 20 Nike, Zeus und Athena. 21 Hermes, Apollon und Poseidon. 22 Poseidon, Amphitrite und attischer Bürger. 23 Attischer Bürger, Ariadne, Dionysos und Nike. Um 480 v.Chr. Mischkrug des Berliner Malers. Basel, Antikenmuseum. R. Lullies, Der Dinos des Berliner Malers, AntK 14, 1971, 44 ff. Taf. 17–20 = Antike Kunstwerke aus der Sammlung Ludwig 1 (1979) 89 ff. Ähnlich läßt derselbe Maler auf einer Amphora in Berlin-Charlottenburg einen Sterblichen dem Kitharöden Apollon zuhören. Fotos: Antikenmuseum Basel, Claire Niggli.

24 Totenklage und Wagenzug. Um 750 v.Chr. Von einem monumentalen geometrischen Mischkrug in Athen, Nationalmuseum. E. Simon, Die griechischen Vasen (1976) Taf. 9. Foto: Hirmer Fotoarchiv München.

25 Modell des Zeusheiligtums von Olympia. In der Mitte der Zeustempel, dahinter der der Hera, links davon der Rundbau der makedonischen Königsfamilie, rechts am Fuß des bewaldeten Kronoshügels das Quellheiligtum, die Reihe der Schatzhäuser und ein Teil des Stadions. Das Heiligtum wird rechts durch Hallen begrenzt. Außerhalb liegen links die Palästra und ein großes Gasthaus, im Vordergrund Rathäuser und eine der Feststraße zugewandte Halle. Foto: Deutsches Archäologisches Institut, Athen.

26 Entführung der Helena durch Paris. Um 730 v.Chr. Mischkrug London, British Museum. K. Schefold, Frühgriechische Sagenbilder (1965) Taf. 5c.

27 Zeus bekämpft Typhon(?). Um 750 v.Chr. Bronzegruppe New York, Metropolitan Museum. Schefold a.O. Taf. 4a. Museumsfoto.

28 Rekonstruktion der Giebelkomposition des Artemistempels von Korfu, nach H. Schleif. In der Mitte Gorgo zwischen ihren Kindern Pegasos und

Chrysaor, umrahmt von sprungbereiten Löwenpanthern, in den Ecken besiegte Titanen, davor rechts Zeus im Kampf mit ihrem Anführer Iapetos, links bedroht ein anderer Gott den Kronos. Um 590 v.Chr. Literatur Propyläenk. a.O. 1 Abb. 165.

29 Apollon und zwei Göttinnen auf seinem Wagen begegnen seiner Schwester Artemis, die einen Hirsch am Geweih packt. Um 650 v.Chr. Amphora von der Insel Melos in Athen, Nationalmuseum. E. Simon, Die griechischen Vasen (1976) Taf. 23. Foto: Hirmer Fotoarchiv, München.

30 Aphrodite und Ares, einen Wagen lenkend. Vom Hals einer Amphora in Naxos. Um 660 v.Chr. Schefold, Frühgriechische Sagenbilder a.O. Taf. 9. 30a nach Photographie, 30b nach Zeichnung in Chr. Karusos' schöner Publikation Jb. d. Instituts 52, 1937, 166 ff.

31 Opferzug einer Familie. Um 540 v.Chr. Gemälde auf Holz in Athen, Nationalmuseum. Propyläenk. a.O. 1 Abb. 190. Foto: Museum für Abgüsse klassischer Bildwerke, München.

32 Apollon. Kassel. Römische Marmorkopie nach einer Bronzestatue um 460/50 v.Chr. Propyläenk. a.O. 1 Abb. 70. R. Lullies, Die griechische Plastik (^{4}1979) Abb. 125. Foto: Hirmer Fotoarchiv, München.

33 Apollon in der Mitte des Westgiebels des Zeustempels von Olympia. Um 460 v.Chr. Lullies a.O. Abb. 105. Foto: Hirmer Fotoarchiv, München.

34 Ostansicht des Zeustempels von Olympia. Um 460. Nach P. Grunauer, Zur Ostansicht des Zeustempels, 10. Olympiabericht (1981) Taf. 29.

35 Ostgiebel des Parthenon, Geburt der Athena. 438–432 v.Chr. Rekonstruktion nach E. Berger, Parthenon-Studien 2, AntK 10, 1977, 134 ff. Falttafel II. Vgl. Schefold, Göttersage a.O. 19 ff.

36 Westgiebel des Parthenon, Athena und Poseidon ergreifen Besitz von der Akropolis, Rekonstruktion nach E. Berger a.O. Falttafel III.. Vgl. Schefold, Göttersage a.O. 120 ff.

37–38 Die zuschauenden Götter im Ostfries des Parthenon, von links nach rechts Hermes, Dionysos, Demeter, Ares, Hera, Iris und Zeus; dann (nach der Übergabe des Gewandes) Athena, Hephaistos, Poseidon, Apollon, Artemis, Aphrodite und Eros. Lullies a.O. Abb. 142–145. Schefold, Göttersage a.O. Abb. 267. Abgüsse in der Skulpturhalle Basel. Die Bruchflächen sind weiß, die erhaltenen Teile getönt, damit sie sich besser abheben. Fotos: D. Widmer, Basel.

39 Eine Familie betet zu Asklepios, der eine gelagerte Kranke heilt, von seiner Gemahlin Hygieia begleitet. Um 400 v.Chr. Piräus, Museum. U. Hausmann, Griechische Weihreliefs (1960) 58 Abb. 28 und 107 Anm. 66 (Literatur). Foto: Deutsches Archäologisches Institut, Athen.

40 Zeus berät mit der links unten sitzenden Themis. Links von ihm steht Hermes, rechts Athen, die Beschützerin der Griechen, schon von der Siegesgöttin bekränzt. Um 350 v.Chr. Leningrad St. 1793. Beazley ARV^2 1476, unten 2. K. Schefold, Untersuchungen zu den Kertscher Vasen (1934) Taf. 32,1. Foto: Eremitage, Leningrad.

41 Knidische Aphrodite des Praxiteles. Rekonstruktion nach römischen Marmorkopien; ehemals München, Museum für Abgüsse. Um 350 v.Chr. Lullies a.O. Abb. 210. Foto: Hirmer Fotoarchiv, München.

42 Zeus wirft Hephaist aus dem Olymp; neben Zeus Hera, rechts unten die gelagerte Meergöttin, links auf einem Burgfelsen Athena neben ihrem Ölbaum. Die Göttin links vom Ölbaum gehört zur nächsten, verlorenen Szene der Bilderzählung. Platte eines architektonischen Frieses in Ostia. Nach 150 n.Chr. Schefold, Göttersage a.O. 126 f. Abb. 159. Foto: Deutsches Archäologisches Institut, Rom.

43 Rechts gebiert Zeus Athena aus seinem Haupt. Eine erschrockene Helferin eilt nach links, wo eine thronende Göttin zusieht, wie die kleine Athena die ersten Schritte zu einer alten Amme macht, die nun die Kanne mit dem Badewasser gebrauchen wird. Platte desselben Frieses wie Abb. 42. Schefold a.O. 22 Abb. 9. Foto: Deutsches Archäologisches Institut, Rom.

44 Zeusgruppe vom Ostfries des Zeusaltars von Pergamon. Nach 180 v.Chr. Berlin, Pergamonmuseum. Schefold a.O. Abb. 138. Foto: Staatl. Museen Berlin (Ost).

45 Modell des Zeusaltars von Pergamon und seiner Umgebung, im Zustand von etwa 150 v.Chr. Schefold a.O. 106 Abb. 137. Foto: Hirmer Fotoarchiv, München.

KULTURGESCHICHTE DER ANTIKEN WELT

Fachkundige Einführungen für den archäologisch und historisch interessierten „Laien“

Band 1: *Boardman, John*
Schwarzfigurige Vasen aus Athen · Ein Handbuch
Format 16 x 23 cm; 278 Seiten; 321 Abbildungen; Fester Einband
ISBN 3-8053-0233-9

Band 2: *Alföldi, Maria*
Antike Numismatik · Teil I: Theorie und Praxis
Format 16 x 23 cm; 218 Seiten Text und umfangreiches Register; 19 Abbildungen; 23 Tafeln mit 410 Abbildungen; 7 Karten; Fester Einband
ISBN 3-8053-0230-4

Band 3: *Alföldi, Maria*
Antike Numismatik · Teil II: Bibliographie
Format 16 x 23 cm; 152 Seiten Bibliographie und ausführliches Register; 20 Tafeln; Fester Einband
ISBN 3-8053-0335-1

Band 4: *Boardman, John*
Rotfigurige Vasen aus Athen · Die archaische Zeit
Ein Handbuch
Format 16 x 23 cm; 285 Seiten; 528 Abbildungen; Fester Einband
ISBN 3-8053-0234-7

Band 5: *Boardman, John*
Griechische Plastik · Die archaische Zeit
Ein Handbuch
Format 16 x 23 cm; 297 Seiten; 481 Abbildungen; Fester Einband
ISBN 3-8053-0346-7

Band 6: *Zauzich, Karl-Theodor*
Hieroglyphen ohne Geheimnis · Spaß beim Hieroglyphenlesen
Ein Handbuch zur Erlernung der altägyptischen Schrift
Format 16 x 23 cm; 125 Seiten; 6 Schwarzweiß- und 8 Farbabbildungen; Fester Einband
ISBN 3-8053-0470-6

VERLAG PHILIPP VON ZABERN · MAINZ

KULTURGESCHICHTE DER ANTIKEN WELT

Fachkundige Einführungen für den archäologisch und historisch interessierten „Laien"

Band 7: *Dörner, Friedrich Karl*
Vom Bosporus zum Ararat
Reise- und Fundberichte aus Kleinasien
Format 16 x 23 cm; 400 Seiten; 27 Abbildungen; 32 Tafeln; Fester Einband
ISBN 3-8053-0417-X

Band 8: *Richter, Friedrich/Hornbostel, Wilhelm*
Unser tägliches Griechisch
Deutsche Wörter griechischer Herkunft · Mit einem archäologischen Beitrag von Wilhelm Hornbostel
Format 16 x 23 cm; 246 Seiten; 36 Abbildungen; Fester Einband
ISBN 3-8053-0464-1

Band 9: *Haynes, Sybille*
Die Tochter des Augurs · Aus dem Leben der Etrusker
Format 16 x 23 cm; 308 Seiten; 13 Farbtafeln; 42 bibliophile Illustrationen; Leinen mit farbigem Schutzumschlag
ISBN 3-8053-0463-3

Band 10: *Haas, Volkert*
Hethitische Berggötter und hurritische Steindämonen · Riten, Kulte und Mythen
Format 16 x 23 cm; 258 Seiten; 6 Farb- und 37 Schwarzweiß-Abbildungen; Fester Einband
ISBN 3-8053-0542-7

Band 11: *Habachi, Labib*
Die unsterblichen Obelisken Ägyptens
Aus der Feder des Nestors der Ägyptologie erfahren wir alles über Obelisken.
Format 16 x 23 cm; 256 Seiten; 5 Farb- und 83 Schwarzweißabbildungen; Fester Einband
ISBN 3-8053-0581-8

PHVZ VERLAG PHILIPP VON ZABERN · MAINZ